JN090781

WOMEN WHO ARE READY TO
LIVE AS THEY ARE

HOW TO LIVE A LIFE WITHOUT REGRETS LEARNED
FROM 18 FEMALE ENTREPRENEURS

自分らしく生きる覚悟を決めた女性たち

18人の女性起業家から学ぶ
後悔しない人生の歩み方

AshuPine（アシュパイン）　井上めぐみ　大杉千里
木村あかね　木村麻美　クアク美智子　楠麻衣香　楠本朋
黒田有美　鈴木美香　髙橋美喜　長谷川久代
フォスター美樹　福本真衣　藤原麻世
政野美和　村川千亜紀　本吉真寿美

Rashisa

自分らしく生きる覚悟を決めた女性たち

18人の女性起業家から学ぶ後悔しない人生の歩み方

覚悟を決めることから、全ては始まる　―はじめに―

たくさんある書籍の中から本書を手に取ってくださり、ありがとうございます。

あなたが本書を手に取られているということは、心のどこかで「自分の人生なのだから、自分らしく生きたい」「誰の目も気にすることなく、自分で決めた人生を歩みたい」と思われているかもしれません。

最近では「ジェンダーレス」という言葉をよく耳にするようになりましたが、まだまだ課題だらけなような気がします。特に女性はキャリア・結婚・妊娠・出産・育児・介護などライフステージが目まぐるしく変わります。妊娠・出産・育児のタイミングでは子ども優先になり、やりたいことがあったとしても、なかなか思うようにできないことも多いです。

とはいえ、人生は一度きりだから、「今」の時間も無駄にしたくありません。

「でも、どうすればいいのかわからない」

多くの人はこの壁にぶつかってしまいます。

本書では、その壁を乗り越えるヒントを持つ18人の女性起業家に登場していただいています。

しかし、彼女たちもかつてあなたと同じように悩み苦しんでいた時期があります。

しかし、あるタイミングで自分らしく生きる覚悟を決め、今では胸を張って自分の人生を歩んでおられます。

今回登場する18人の女性起業家には、これまでの人生の物語を赤裸々に綴っていただいております。彼女たちの体験や経験を垣間見ることで、今のあなたに必要なメッセージを受け取ることができるはずです。

もし、あなたが次の項目に一つでも当てはまるなら、ぜひ本書を読み進めてみてください。

◇人生一度きりだから、後悔しない人生を歩みたい
◇自分らしく生きたいけれど、なかなかできていない
◇起業したいけれど、何から始めていいかわからない
◇我慢する人生から脱出したい

本書を読み終えた瞬間、「私にもできる！」と勇気と希望が湧いてきます。彼女たちの

物語にはそれくらいのパワーがあります。ぜひ、それを体感してください。

では、まえがきはこれくらいにしてあなたが思い描く人生を叶えるためのヒントを見つける旅に出ましょう。

Rashisa（ラシサ）出版編集部

Contents

自分らしく生きる覚悟を決めた女性たち
18人の女性起業家から学ぶ後悔しない人生の歩み方

グローバルに活躍するアーティストは、
実は起業家!?
絵を描き続けるために選んだ
「一人社長」という選択

ウィミク株式会社 代表取締役
アーティストのマネ ージメント及び肖像権の管理／アート受注制作／スペースデザイン

AshuPine（アシュパイン）

世界が注目！
親から引き継いだ会社を急成長させた、
女社長の経営術

Amazing J World株式会社 代表取締役
美容商材卸小売業

井上めぐみ

「あったらいいのに」で開発した商品が
人生を変えた！
資格なし・お金なし・人脈なし主婦が
年商１億円を達成

株式会社スマイルケアジャパン社 代表取締役
育児用品の企画・販売

大杉千里

オープン後、瞬く間に人気サロンに！
ヒントは「やりたいことは、全部やる」。
それが、成功する一番の近道

AK合同会社 代表
美容機器販売・サロン

木村あかね

「これが私の天職」
コンプレックスの塊だったスタイリストが、
人の人生を彩るまで

一般社団法人日本パーソナルイメージスタイル協会 代表理事
サービス業・スクール運営

木村麻美

子育ての中で生まれた新しい形は
日本初のスタジオ併設型動物病院！
3児のママ獣医師のあくなき挑戦

OurPetsどうぶつ診療所 院長
獣医師

クアク美智子

新規事業立ち上げ、
子会社社長のオファーと
出世コースを歩むも、独立
敏腕プロデューサーが求めた
「自由」とは

スパークルチーム合同会社 代表
人材開発コンサルティング

楠麻衣香

「できない理由」を探すのをやめただけ
自販機でジュースも買えなかった
シングルマザーが、
1年で年商7千万円の経営者に！

株式会社gratplus 代表取締役
美容サロン経営・フランチャイズ事業

楠本朋

地元島根県で
最新美容をいち早く導入し、
大成功！
裏切り、嫌がらせを乗り越えた先に
見えたもの

株式会社ダイアナ 代表取締役
エステサロン

黒田有美

人生の試練を乗り越えた現在
多様な事業を手がける女性起業家が
大切にしていること

有限会社Good Grace 代表取締役
会計記帳／建築／不動産事業

鈴木美香

障がいを持った子どもの誕生がきっかけで
福祉事業を立ち上げ
「背中美人でいたい」から、
今日も全力奔走！

NPO法人はっぴぃ 代表理事
福祉事業

髙橋美喜

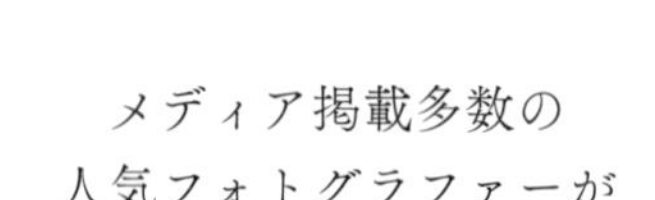

メディア掲載多数の
人気フォトグラファーが
「人生の目的」を見つけた瞬間

株式会社フォトスタジオシミズ 代表取締役
写真館／結婚相談所

長谷川久代

閑古鳥が鳴く土地を
次々と再生！
大切なのは
「好き」を信じる気持ち

CUZN合同会社 代表
飲食店／イベント貸し／古民家再生

フォスター美樹

離婚を機に
「無知だった私」と決別
人の何十倍も努力したと
言い切れるからこそ掴んだ、
複数業種での成功

株式会社アイズ・株式会社アイム・株式会社octet 代表取締役
建築業／不動産業／飲食業／エステサロン

福本真衣

最後の１店舗になってしまった
焼肉店をV字回復！
初のコーヒー事業で行列店
年商数億人気グループ事業の思考法

南大門グループ 代表／GOGOCOFFEE 代表
飲食業

藤原麻世

思いだけで突き進んだ
インターナショナル保育園
すべては「違和感」から始まった

株式会社ミノウェイ 代表取締役
保育園運営
政野美和

何度も、何度も
再スタートを余儀なくされた
それでも変えなかった
美容業界トップインストラクターの信念とは

一般社団法人日本未病ケア予防医学協会 代表理事
セミナー／スクール／卸業
村川千亜紀

ミュージカルにＴＶＣＭ振付……
華やかな道を歩むトップダンサーの
壮絶な努力の足跡

ダンススクエアMARTH 主宰
ダンススクール／振付家／ダンサー
本吉真寿美

ウィミク株式会社 代表取締役
アーティストのマネージメント及び肖像権の管理／アート受注制作／スペースデザイン

AshuPine（アシュパイン）

グローバルに活躍するアーティストは、実は起業家!?絵を描き続けるために選んだ「一人社長」という選択

Profile

1994年、長野県出身。東京を拠点に空間画家として国際的に活動。2019年、スペインのギャラリーとアーティスト契約したのを皮切りに、イギリス・フランス・スペインなどの展覧会に出展。新国立美術館をはじめ、日本の主要な賞を受賞。ボディーペインターとしても、ランウェイや雑誌で活躍。19歳でWEBデザイン事務所、後にオフィスやホテル、店舗などの空間絵画を制作する会社を設立。

1日の
スケジュール

Morning

8:30 起床

9:30 ジム

10:30 アトリエ作業

16:00 会社事務や打ち合わせなど

19:00 夕食

21:00 アトリエ作業

24:00 お風呂

25:00 就寝

Afternoon

「好き」を仕事にする方法

「好きなことを仕事にする」。これがどれだけ難しいことか、あなたには、おわかりいただけるかと思います。それでも、生きている時間の70％が仕事時間です。その時間を、楽しく、豊かに、そして穏やかに過ごしたいと思うのは、当たり前のことでしょう。

私は今、プロの画家として活動し、アーティストとして会社も設立しています。どうすれば、「好きなことを仕事に」しつつ、「きちんと稼いで、穏やかに過ごす」ことができるのか。今回は、その秘訣をお伝えしようと思います。

私は、子どものころから絵を描くことが大好きでした。絵を描いている間は、周りのことが見えなくなるほど没頭してしまうのです。暇さえあれば絵を描いていた私を見て、両親も、感じるところがあったようです。クリスマスに両親が油絵セットをプレゼントしてくれてからは、さらに絵に没頭していきました。

幼いながら出展したコンクールでは賞を取り、絵を描くことに対してのやりがいも感じるようになりました。大好きな絵を描いて、お父さんやお母さん、周りの大人たちに褒めてもらえる。それは、子ども心にも、とてつもない自己肯定感につながったのです。たくさんの作家さんが、こうした自己肯定感がきっかけで、執筆をしているのではないでしょうか。

とはいえ、画塾に行くのはお金もかかりますし、時間も膨大にかかります。そもそも、日本と海外では、画家に対する考え方に違いがあります。

海外のアーティストステートメントは、画家の生い立ちが重要視されます。一方、日本では、経歴とともに出身大学が重視されるのです。「画家のクオリティや特徴に学校名なんて関係ないはずなのに……」と、私は強い違和感を抱いていました。

そのため、幼少期から独学で勉強し続け、２０１９年には、海外のオークションやコンペンションに出品するようになりました。同年、スペインのギャラリーに絵を購入いただいたうえに、アーティスト契約の打診がありました。日本人でスカウトされたのは、私、ただ一人だけ。プロフィールもほぼ空欄、本名や顔も伏せて出展したので、絵だけで評価してもらえたのが、とてもうれしかったことを覚えています。自分の絵が、「買う」に値することを知り、自信が持てたものです。

その後、国内外の複数の展覧会から出展オファーを受けるようになりました。日本でも画賞を受賞し、ロンドンのサーチ・ギャラリーでのアートショウの出演権もいただきました。シンガポールのナショナルギャラリーや、パリのルーブル美術館での出展オファーも届き、世界的に活動をするようになったのです。

現在、日本人の画家で、世界各国で活躍しているのは、ほんのわずかです。そのわずかに食い込めたことを誇りに思いますし、これから頑張らなくてはいけないという励みにもなります。たくさんの人に見ていただくのだから、それだけの責任も伴います。

補足しておきたいのが、私の絵も、急に日の目をみたということです。

無理に売り込みをしなくても、思わぬタイミングで注目を集めることもある。だからこそ、絵に忠実に、誠意をもって取り組むべきなんだと、改めて思ったものです。

自分の好きなものに全力を尽くす。それこそが、アーティストや作家にとって、もっとも大事なことかもしれません。

ですが、心ないこと言う人もいます。

「美術大学にも行ってないのに、絵について発言すべきじゃない」

このような言葉を投げつけられたときは、呆気にとられたと同時に、悔しくもなりました。美大に行かなければ、絵を描くことも、絵を売ることも、絵を喜んでもらうこともできないのでしょうか?

そんなことはないはずです。美大はお金がかかります。そのせいで、「絵画を続けられるのは、お金持ちの子どもだけ」なんて言われてしまう日本の現状があります。

一方で、日本では、美大に行っていないと、発言力が高まらないという状況もありました。

そこで、自分を試す意味でも美大受験を決め、受験したところ、一発で合格しました。些細な一言から始まった挑戦ではありましたが、独学でもやれること、お金をかけなくても画家にはなれることを証明したと思います。

ただ、こんな私も順風満帆ではありませんでした。

中学時代の私の人生は、とても真っ暗闇でした。たくさんのつらいこと、悲しいこと、苦しいことが起こり、自分で自分を持て余していたような状況でした。段々と自殺企図が酷くなっていく私を、両親は手に負えず、精神科へ強制入院させました。両親は泣いていました。私は何カ月も手足を固定され、身動きの自由がない日々を送りました。

閉鎖病棟では、毎日、たくさんの患者さんが、悲鳴を上げたり、怒鳴ったり、泣き出したりしています。そのようななかで、「私は、どうやって生きたらいいんだろう」と、ずっと考え続けていました。

生きるためには、「光」が必要です。「希望」と言っても過言ではありません。真っ暗闇で生きるには、人生は、苦難が多すぎるのです。

答えの出ない迷路のなかで、唯一見つけた光が、「絵画」でした。幼少期から、絵を描いている時間だけは、没頭でき、すべての感情がコントロールできるのです。私は病棟のなかで、「私の人生には絵を描くことが必要だ」と再認識したのでした。

自分で自分を雇えば良い

退院してからは、ひたすら絵を描き続けていました。学校には行かずに、家庭教師と勉強するか、一人で絵を描くかの日常となったのです。このころから、今につながる抽象的な絵も描くようになりました。

私の場合「精神的なもの」を題材にして、絵を描くことが非常に多いです。暗いもの、つらいもの、悲しいものを、明るく表現する技法が好きで、私の絵を買ってくださる方も、そこを認めてくださいます。

代表作である「cave」作品は洞窟をもとにした抽象的な作品となっています。暗く、冷たい鍾乳洞や洞窟も、光を当てれば、美しく煌めきます。その一瞬の煌めきこそ、人生に必要な希望だと考えています。

同系色を多用した絵には、「どんな状況でも光を見つけることはできる」、「あなたが見えていないだけで、希望は、そこにある」と伝えています。そのメッセージが、どことなく、見る人に届いたときに、「素敵だ」と言ってくださったりするのだと思います。

創作中は、時計を見ません。そもそもアトリエには時計を置いていません。24時間没頭することもよくあり、この集中力こそが、私を画家にしてくれたのかもしれません。乾いてから絵の具を重ねる技法が多いため、毎日数時間かけて少しずつ進めていきます。一つの作品ができあがるまでに、大体2カ月ほど要します。大きさにもよりますが、同時に10作品ほどを並行して進めています。

そんなことをしていると、「日常生活」は送りにくくなってきます。基本的に人と長時間かかわるのが苦手で、バイトも続きませんでした。自分で自分の時間と人生をコントロールしたかったのです。

一方、好きなことはずっと続けられるタイプで、時間の使い方が極端でした。そんな人間でしたから、「社会不適合者」としての実感もあります。14歳にして社会への違和感を覚えた人間ですから、成長したのちも、「あれがおかしい、これはもっと〇〇したらいいのに」と思ってしまって、上司や先輩に煙たがられてしまうのです。

社会に出ても難しいと気づいて、悶々と悩んでいたある日、ふと、思ったのです。

「自分で自分を雇おう」

会社で働けないいなら、会社をつくってしまえばいい。その考え方も極端だったと思いますが、もともと極端なことを考える私にとっては、当たり前のことのように思えたのです。

会社を設立するというのは、難しいことではありません。少なくとも、毎日早朝に起きて、満員電車に何時間も揺られて会社にいき、上司と先輩の顔色をうかがいながらストレスの中で仕事をして、疲労困憊で家に帰ってくるよりは、心が楽になります。

17歳のころに株を学び始めていたため、株式投資を法人化することから始めて、そのあとは資格などを取り、デザイン会社なども設立しました。

バイトは長続きしなかった私ですが、会社の社長としては、意外なほどに力を発揮できたのです。

もし、これを読んでいる方で「仕事が続かない」「改善案をすぐ見つけられる」という方がいたら、会社をつくってしまうのも有効な手段です。

でも、こんな疑問もあるでしょう。

「社長になるのって、大変じゃないの?」

「人を雇うのって、心が疲れない?」

そんな人にお勧めしたいのが「一人社長」です。

これは、一人で会社をつくって、従業員は雇わない、という誰もが理解できる、手法です。そもそも、他人との交流が苦手で1人社長を始めたのに、どうして会社を設立した後まで、他人と無理やりかかわる必要があるのでしょうか。

展覧会へ出展する際も、ポスター、PR、WEB、システム関連も自分で作りたいのが私の性格です。他人に任せると、思った通りの仕上がりにならない……という性格だからこそ、作家としてやっていけるのかもしれません。

今は「一人社長」を始めて9年ほどが経っていますが、「今日は大変だったなぁ」と思う日はあっても、後悔は一切ありません。少し多忙になった今は、アシスタントを雇ったり、業務委託やエージェント契約を結んだりして会社が成り立っているのが現状です。私は毎日、作品を制作しながら、誰かに光や希望を届けることをうれしく思っています。

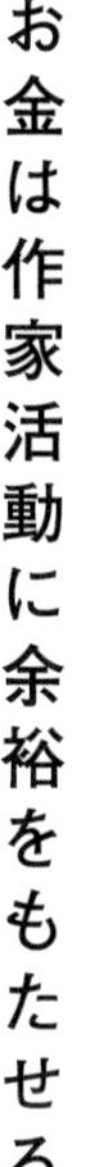

お金は作家活動に余裕をもたせる

一人社長になるメリットは、もう一つあります。それは「金銭的にも精神的にも楽になること」です。

お金がなくては、アーティストは続けられません。学生時代に創作をするには、お金がなくても構いません。私のように独学で学ぶ方もたくさんいるでしょう。

ですが、大人になった後は、お金がなくては画家や作家は続けられないのです。毎日絵を描いているだけで自動的にお金が入ってくる、なんてことはありえません。画材を買うお金や、出展費などを考えると、マイナスになりがちです。

では、どうしたらいいのか？

その答えが、前述したように「会社をつくって社長になる」ことなのです。自分で会社をつくり、画家としての自分にお金を「あげる」のです。

会社があれば、画材代は、もちろん経費になります。他の事業の売り上げも、絵に回すことができるのです。

お客様とのやりとりも、会社名義で領収書を出すことができるため、個人で画家をしている人よりも、プライベートを守るメリットが大きいのです。

お金があってこそ余裕を持つことができ、画材や時間を惜しみなく使って絵が描けるのです。毎日バイトや仕事をしながら、帰宅後や休みの日だけ描く、というのはプロとしてはなかなか難しいことです。

そもそも、創作時間が限られますし、結果として、「好きなことを仕事にする」ことができずに、画家としての活動はただの「趣味」になってしまうのです。

また、資金難だと、作品がビジネス化してしまうという欠点もあります。本当に描きたいものではなく、お金になるものを描くようになってしまうのです。これは、画家にとって一番困ったことなのです。

もちろん、それで喜ぶ美術コレクターもいるかもしれません。ただ、自分の長所が消されてしまう可能性もおおいにあります。だからこそ、お金がある状態のほうが、すべての作家にとって最善なのです。

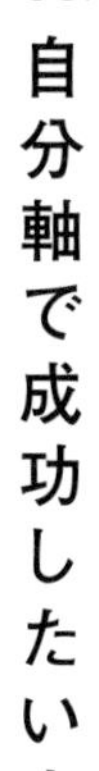

自分軸で成功したい方へ

今、これを読んでいるあなたには、夢があるはずです。自分の未来を明るくするために、この本を手に取ったのでしょう。だからこそ、伝えたいことがあります。

「まずは、自分の性質を理解して、認めてあげて」
「やりたいことがあったら、それを続けるための手段を見つけて」
「その手段をいくつも組み合わせて実行することで、未来はもっと拓けていく」

私の場合は、「絵を描きたい」という主軸があり、そのために会社をつくりました。一人社長になり、従業員を雇わずに、すべての仕事を自分一人でこなすようになりました。結果として、私の作品は陽の目をみることができ、絵で食べて行くことが可能になりました。でも、もし普通の会社で仕事をすることに固執して、自分の欠点ばかりを見つめていたら、今のような生活は実現できなかったでしょう。

そもそも、私は体が強いほうではありません。そのうえで、性格的にも世の中に不適と感じているのですから、「普通の人」から見たら私は、人の営みに向いていない人なのでしょう。

でも、自分の絵がいろんな国のホテルやオフィス、店舗や個人宅に飾られ、私が死んでも世の中に残っていくと考えると、もっと私の存在した価値を作品に刻んで残していきたいと強く思うようになります。

自分の欠点を変えようとすると、マイナスがゼロになるだけです。でも、自分の長所を伸ばすなら、プラス10がプラス1億に跳ね上がるのです。

自分の長所を見つけて、そこを伸ばす。
長所を伸ばすために、有効な方法をいくつも考える。
その方法をいくつも組み合わせて、実行し、他人に訴求する。

この3ステップで、人生は明るく切り開けます。私も、明るいばかりの人生でなかったからこそ、今は「光」や「希望」を作品として描くことができています。あなたの性質に、一切無駄はない。そう思って、生きていってほしいと強く願います。

Message

あなたへのメッセージ

本当にやりたいことと、
それを続けるための手段を
うまく組み合わせよう。
経済的自由を手にすることで、
好きなことを突き詰められる。

AshuPine（アシュパイン）さんへの
お問合わせはコチラ

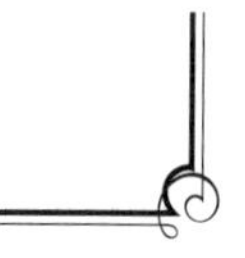

Amazing J World株式会社 代表取締役
美容商材卸小売業

井上めぐみ

世界が注目！親から引き継いだ会社を急成長させた、女社長の経営術

Profile

1982年、愛知県出身。美容専門学校を卒業後、両親が経営していたエステサロンに6年間勤務。その後、一度美容業界を離れ、31歳のときに渋谷区で化粧品メーカーを設立。現在は美容サロン向けの商品を展開し、年商1億以上を売り上げている。2022年には韓国の大統領就任式にも参加。グローバルに活動し、今後は日本で韓国の最新美容機器の独占販売を行い、さらなる事業拡大をめざしている。

1日の
スケジュール

Morning

7:30 起床・ゴロ寝

8;00 家事、身支度、
仕事のメール・LINEチェック

9:30 会社へ出社

19:30 パーソナルジム

21:00 帰宅し軽夕食

22:00 お風呂・韓国ドラマやYouTube鑑賞

23:30 就寝

Afternoon

不安な思いにフォーカスを当てない

私が中学生のとき、両親が一軒家を建て、その家の一階でエステサロンをオープンしました。当時のエステと言えば、現在のように格安でもなく、それなりにお金のかかる時代。美容経験もない両親が何を思ったのか、現職をやめてエステサロンを経営するなんて、自身で経営するようになった今でも、私は「なんで?」と思います。もし経営がうまくいかなかったら、一家心中……なんてこともありえるのが「自分で会社を経営するということ」です。

でも、母はもともと下着の訪問販売員で、営業力はすこぶるあるタイプ。先見の目も持っていましたし、父は数字を見られて、経理もきちんとできる人だったので、両親の事業は急激に拡大したのです。そのおかげで、学生だった私は自由きままにカナダに留学をしたりしながら、学生生活を楽しんでいました。母は、私が学生のころの会社経営が「『行けどんどん』という感じで1番楽しかった」と言います。それはなぜかというと、モノづくりや会社づくりは、つくる過程がもっとも楽しく、つくった後、維持をすることや、より多く販売することのほうが遥かに大変だからです。

学校を卒業した後は、両親のエステサロンで働くようになりました。美容だけでなく、マッサージなどの技術も好きだったので、すぐに新しい店舗の店長になりました。当時22歳くらいです。周りの友達は就活が終わって、残された学生生活を存分に楽しんでいるなか、必死に働いていることを悲しく思った記憶があります(笑)。

私が名古屋駅の店長となったころ、会社の年商は20億ほどになっていたと思います。それだけの売り上げをつくるというのは大変ですが、社員一人ひとりが気持ちを一つにし、サロンの売り上げを上げる努力をしてくれていました。店長会議で話し合い、営業後も働き、切磋琢磨した時代でした。今とは働き方が違う時代ですね。

現在の自社の社員は基本、定時に帰りますし、会社での飲み会もなし、仕事とプライベートをきちんと分けて働いています。どちらがいいかという定義はないですが、経営者になると24時間仕事体制、社員は勤務しているときが仕事体制、それでよいと思います。ただ、経営者になるとプライベートがあるようでない。これが私には悲しくもあります。今、この書籍の執筆もミラノのホテルで書いています。時差があるので、日本がお昼の時間は通常業務を、夜の時間になったら執筆をして、ひと段落したらミラノでショッピングやお散歩を楽しみます。自身が経営者という立場だから、やり遂げられますが、一社員の時代は、仕事とプライベートが同じなのはつらかったのを覚えています。サロンの店長だったころの私は、家に帰ると会社の社長がいるという生活をしていました。なんともしんどい環境です。売り上げが悪いときに、夜遅く帰ると嫌味を言われ、休日も売り上げについての会議です。ブラックですよね（笑）。

親の会社に勤めていて実家で暮らしている以上、仕方がないのですが、当時の私はとうとう我慢できず、両親の会社を辞めて、自由人になりました。しばらく働く気がなかったのと、東京にも家があったこともあり、その家で東京ライフを楽しんで、ぷらぷらしていました。スーツケース一つで旅行に来た東京に、もう15年暮らしています。引っ越し作業もしていない私は友人から「気付いたら東京の人になっていた」と言われました。

基本、なんでもそつなくこなせるタイプの私は、東京という街を楽しみながら、友人の紹介で大手企業の受付の仕事をして、遊んで暮らし、20代、将来の不安や今のような戦争が、環境問題が、なんてことも考えることなく、人生を謳歌できる時代。最高でした。でも、今の20代の方々は、悩み多き年頃になっているそうですね。将来への漠然とした不安、人間関係の不安、結婚に対する不安……。そういう悩みを打破するため、20代から起業を考える方が多いのかもしれないです。お金の不安や対人関係の不安は、起業することで上手く行けば解消されると思います。なんと言っても、自社とは自分でなんでも決められるのですから！　働く場所が、事務所でも、ミラノでも、富士山の山頂でも誰にも文句を言われないのは最高ですよね。今いる場所に悩み立ち止まっているのではなく、新しいことにチャレンジをするのも大事だと思います。

私は、大手企業の受付として働いていたときに、両親から化粧品メーカーの会社を兄と立ち上げてほしいと頼まれました。それは、当時水素治療を行っている医師から「水素を化粧品で活用できないか」と相談を受けたことがきっかけでした。エステサロンを全国で経営していた両親は、その水素を発生させる成分入りのオイルを、ご希望のお客様に提供し、効果をリサーチしていました。すると、ビフォーアフターがはっきりわかるほどの変化が出たのです。その結果に両親は感動し、私たちにB to B向けの水素商品の販売を託したのです。

突然、雇われた立場から、自分で会社を経営する立場に代わりました。私にとっては大きな転機です。また一つ、違う風が私に吹いていていました。

「会社を経営することに、不安はなかったのか」と聞かれることがありますが、こんなときは、不安な思いにフォーカスを当てず、新たな挑戦にチャレンジできることを楽しもうと思いました。流れに任せて新しい領域に挑戦するのも大切ですよね。

お天道様は見ている

今でこそ、馴染みのある水素商品ですが、そのときはまだ「水素水」も世の中にない時代で「水素って？　気体の？」と頭にハテナしか浮かばなかったのを覚えています。さて、その水素をどう販売していくか考えました。

水素は、活性酸素を無害な水に変えて、除去する効果がある気体です。悪玉活性酸素と言われる物質は細胞の老化に繋がります。そのため、水素を用いたフェイシャルトリートメントを行うと、その効果は一目瞭然でした。明らかにくすみが改善されていて、肌がツヤツヤと輝くのです。ただ、肌の抗酸化という観点からすれば、水素でなくてもビタミンCやコエンザイムなど、当時すでに注目されている成分があったので、それだけでは水素を用いる理由としては弱いと思いました。

そこで、私たちは髪、ヘアトリートメントに水素を用いることを考えました。意外と知らない方も多いのですが、ヘアカラーをする際、実は、酸化結合が起きていて、悪玉活性酸素が発生しています。つまり、ヘアカラーをすればするほど、頭皮の細胞は老化して、白髪や抜け毛の原因になり、より老けて見えてしまうという悪循環が起きてしまうのです。

もともと基盤がある段階からスタートした私の会社は、すぐに軌道に乗ったと言っても過言ではありませんでした。２００７年に生物医学ジャーナル誌「Nature Medicine」に水素と酸化ストレスについての論文が発表されてからというもの、水素に対する注目度が急速に上がりました。当社は水素事業をいち早く展開したため「水素商品を試してみよう」「自分のサロンに導入しよう」と考える人も多くいたと思います。はじめは美容サロン向けの業務用のパック剤、サプリメントを展開し、その次に美容室で扱う髪の毛用の水素トリートメントを展開。年商はすぐに1億円を超えました。年商1億円は中小企業の約20％が達成している数字と言われており、経営者にとって年商1億円が一つの成功の証になってくると思います。でも、そんな私の順風満帆の走り出しはすぐにストップしたのです。

それは、「水素は怪しい」という風評被害が出回ったからです。私の話を読んでいる方の中にも、そう思っている人はいるかもしれません。「水素水は水素が抜けてしまうから、ただの水」「水素って爆発する危険なものでしょ」「水素水を飲んでも病気が治るわけがない。騙されているね」。この時期、あちこちでこのような言葉を見ました。

結論から言えば、「水素水」には水素は大量に入っていないし、水素が酸素の量を超えたときは水素爆発が起きる可能性があるし、水素水で病気を治すことも難しい。私もそれは当たり前だと思います。では、なぜ水素事業をしているのか。水素は発生方法で水素量が異なり、水素の発生量が多ければ、きちんと水素の働きをしてくれることを理解しているからです。そして、その理論を理解した上で、効果を感じていたからです。消費者庁に指摘されたり、効果がないとニュースになったりする水素商品は、ほとんどが水素水でした。そもそも、私たちが扱っているのは「水素水」ではないのです。

その後、私たちは水素の理論を一から説明をして回りました。47都道府県各地のサロンを訪問し、地道に説明して回りました。結果、多くの美容ディーラーの方に「水素のことはAmazing J World（当社）に聞けばわかる」という評価をいただけたと思います。

効果がないものを、あるように話して売りつける美容販売方法は昔からあります。でも、そういう仕事の仕方は私にはできません。「お天道様は見ている」と昔から言われるように、私もそうだと思っています。誠実に生きていれば絶対報われると、この文章を書いている今も信じています。それは、仕事だけではなく、人生においてすべてです。例えば、不倫など、人の不幸の上に成り立つ幸せはないと思うし、人を騙せば人に騙されると思い、まっとうに生きたいと常に考えています。

そうは言ったって、私だって煩悩の塊です。人の道を外しそうになることもあります。100％完璧な人間はいないですからね。でも、できるだけ、小さなことからでも誠実に生き、その結果が今の会社を表していると信じています。

ヒントは楽しいお話の時間に

誠実に商品と向き合って、美容サロンに展開していたとき、今度はコロナウイルスにぶち当たりました。今、思い出しても、コロナウイルスの影響を受けた時期は、本当にしんどかったなと思います。多くの会社が危機を感じた3年間でした。私たちは美容院で扱うトリートメントが主力商品だったので、ロックダウンで外出が制限されると商品が売れないのです。そもそも、美容院に来るお客様がいないから当然の結果ですよね。一時はみるみるうちに発注数が減っていき、新たに商品を扱いたいという新規の問い合わせも減少し、頭を抱えました。

実は、アメリカやロシアの美容サロンに商品を展開する可能性もあったのですが、この話も海外に行けない状況下の中で消えてしまいました。「これから日本の水素を世界に発信して行こう!」と意気込んでいたのに……。

落ち込んでいても会社には固定費がかかり、お金はなくなる一方です。なんとか打開策を考える必要があります。サロンだけでなく、直接消費者に買ってもらえるようにするのか。会社の経費を削減して、一時期的な危機を乗り越えるのか。助成金や補助金は活用できるのか。いろいろなことに頭を悩ませていました。こういうとき、やはり会社を経営しているのは大変ですよね。会社勤めであれば、給与はきちんと保障されているうえに、テレワークや休業もできる、場合によっては、補助金も国から支給されていましたから。

けれども、経営者はそうはいきません。会社の業務もストップさせられないので、一人でも出勤し、自身の給与をなくしてでも、社員の給与は支払わないといけない。厳しい現実です。経営者って、一見華やかに見えるかもしれませんが、ただの白鳥だと思います。水面下では必死に足を漕いで頑張っています。

コロナウイルスによる経営危機はなんとか乗り越え、現在はまた一つ、追い風が吹いているところまで来ました。この追い風が吹くところまで来られた理由の一つに、新しい人との出会いがありました。

私は、自分ではコミュニケーション能力が低いと思っており、人見知りをする人間です。そのため、今までは知らない人と仲良くなるということは皆無でした。でも、コロナウイルスの際、経営について相談できる人が、家族しかいないことに気づいたのです。逆を返せば、ずっと家族だけに支えてもらってここまで来られました。でも、コロナ禍になり、みんながどうしていいかわからないとき、家族だけでは視野が狭いと思い、女性経営者の会に参加したのです。そこで、いろんな会社の女性経営者の方々と出会うことができました。経験は財産とは、よく言ったものです。他の経営者の方から聞いた話は、私自身の考えにも影響を及ぼしたと思います。これから経営したいと思っている人は絶対、経営者の知人・友人を増やすことをおすすめします。経営セミナーや自己啓発書にはない情報、助けがそこにはあるからです。習うのではなく、行動して吸収するのです。ヒントは眠くて怪しいセミナーの中（偏見がひどい。笑）ではなく、交流会など、楽しいお話の時間にあります。すでに会社を経営している人にお話を聞いて、糧にしていけば、会社を立ち上げた後の苦境も乗り越えられるはずです。人との縁でビジネスは大きく拡大していきます。

昨年、韓国の大統領就任式に経営者会を通じてご招待いただき、久しぶりに韓国へ行きました。そしてその際、コロナウイルスに感染してしまい、3週間ほど日本に帰国できず韓国で過ごしました。そのとき大変お世話になった方が、なんと新しいビジネスも運んできてくれたのです。コロナウイルスに感染していなければ、この方とのご縁もなかったと思います。そこから韓国とのビジネスが始まり、現在は、水素とは異なる新しいビジネスを日本で展開し始めました。

こんなご縁があるとは想像もしていませんでした。本当に人との出会いは大切だなと改めて気付かされました。自分のことを大切に思ってくれる人を。私も大事にしたいと思います。

身の回りを数値化して見えるもの

これまで、異なる職業から発起し、自身で商品づくりをしている方にたくさんお会いしてきました。けれども、多くの方が商品の価格設定の段階で失敗し、利益が取れず、悩んでいる傾向があるように感じています。

もし、自身の中に誰も思いつかないような素晴らしいアイデアが浮かんだとしたら、まずは、必ずそれを「数値化」して考えてください。

私は経営者の娘だったこともあり、すべての物事を数値化するクセがあります。

例えば、家族で飲食店に行ったとします。食事をしながら家族でどんな会話をしますか?

私たち家族は「この広さで、この席数。価格帯とお客の入り具合で、これくらいの売り上げかな」「固定費は、立地と従業員数を考えると、これくらい」「わー、儲かっているね」など、常に数値化し、会話をしています。いつもこういう話ばかりだと、数字が苦手な人からすると面白くないかもしれないですが、日常でこの会話ができると、経営時に役に立ちます。

「幸せはお金で買えない」とよく言いますが「お金が幸せを運んでくる」ことは大いにあります。まずは身の回りの物事を数値化してみると、見えてくる世界があると思います。

先にお話ししたように、成功の証の一つ、年商1億円に達するためには、数字を、お金を好きになってみてください。とにかくやりたいことを形にするだけで進んでしまうと、後でだんだんつらくなってしまいます。その「やりたいこと」を数値化して、客観的に考えるのです。需要はどれくらいあるのか。仕入価格は的確なのか。広告費はどれくらいかけるのか。その流れで、商品やサービスの代金を考えてみてください。

私も、はじめはこれらをシビアに考えていなかったので、仕入に対しての商品価格が安価すぎて、利益が少なく頭を抱えました。利益が少ないということは、たくさん商品を売らないと会社は赤字になってしまいます。大量の商品を販売しないといけないのに、広告費を算出する余裕がない……となると、負のループです。

この状況を脱却するために、私は経費をかけず地道に商品のよさを伝えて、まずは販売先を増やし、一定の販売数を確立してから、仕入れ価格を抑えるよう努力しました。

良くも悪くも今、化粧品業界は飽和状態です。昔に比べると簡単に自社商品を製造できるようになり、価格や製造個数を抑えてくれる製造工場も増えています。いくつかの製造工場と話をして、商品の品質を下げずに、むしろ上げてくれて、価格は抑えられるところを探しました。良い縁に恵まれ、一般的な価格にできたときは、本当にうれしかったです。

何十年も生きていく人生です。山あり谷ありだと思います。だからこそ、これからパートナーでも、家族でも、ともに誰かと歩んでいくのであれば、自身でお金を生み出す方法を考えるべきです。私は、節約してお金を捻出するのではなく、欲しい物があれば、逆算して、いくら必要かを数値化して、その分働いてお金をつくる性分です。下を見るのではなく、上を見続けて、誠実さと努力で欲しいものを掴みに行きたいのです。

そして、新月には氏神様にご挨拶。お手洗いの烏枢沙摩明王を大事にと、時には神の力を借りて（笑）、結構、経営者は、神やスピリチュアルなことを重んじている方も多いですよ。

私はこれからの未来に、もっと女性経営者が増えることを願っています。女性がパートナーの後ろを歩いて過ごす時代は終わりました。今はパートナーと肩を並べて歩んでいく時代です。誠実に物事の良し悪しをきちんと考えれば、誰にだってお金を掴むことはできると思っています。思っている以上に、必死に働かないといけないですけどね（笑）。

先にもお話ししたように、この追い風に乗って、これからの人生をもっともっとステップアップして行きます。数年後、会社はバイアウトして田舎暮らしをしているかも？　とか、海外と日本を半々にして生活できるライフスタイルに変えて働くかも？　など、刺激を感じながらも、着実な人生を歩んで行けるよう頑張ります。

Message

あなたへのメッセージ

事業に対する思いは大事。
でも、思いだけでは
会社は動かせない。
経営者こそ、
数字にこだわる
堂々とお金を好きになり向き合うべき。

井上めぐみさんへの
お問合わせはコチラ

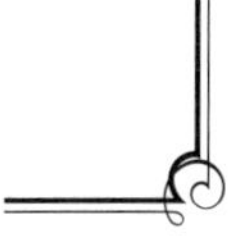

株式会社スマイルケアジャパン社 代表取締役
育児用品の企画・販売

大杉千里

「あったらいいのに」で開発した商品が人生を変えた！
資格なし・お金なし・人脈なし主婦が年商1億円を達成

Profile

1971年、兵庫県出身。高校卒業後、地元の金融機関で３年間、大阪で１年間勤務。22歳で結婚、出産。下の子どもが生後７カ月のとき、建設会社の正社員に。子育て・家事・仕事をこなすなか、心が壊れ、９年勤めた建設会社を退職。心療内科へ通院・投薬治療を行いながら、子育て時期に思いついたアイデア、ハンズフリー授乳クッション「ママ代行ミルク屋さん」を形にし、2005年起業。2016年に法人化。６期目で年商１億円達成。

1日の
スケジュール

Morning

7:00 起床・ストレッチ・朝食

8:00 メールチェック

9:00 スタッフへ指示および
今後の展開や、新商品
などの構想を練る
日常生活の中で
気になったことなど、
自分の事業に当てはめて考える

17:00 夕食準備

19:00 夕食

21:00 お風呂

22:00 就寝

3:00 老化により中途覚醒
メールチェック

Afternoon

きっかけは「アンパンマン枕」

22歳で結婚し、息子を出産しました。二人目の娘は2年後の出産です。一人目の子育てとは違い、なかなかリズムがつかめずにいました。息子の相手をしていると、娘が「お腹が空いた～」「おむつが気持ち悪い～」「抱っこ～」と泣き出します。私の体は一つ。どちらかに我慢してもらうほかありません。ある程度聞き分けのできる2歳の息子に「ちょっと待っててね」と言うしかない状況です。娘は、自分の思いが叶うまで泣き続けます。いえ、泣き叫びます。息子を優先して、娘が泣き疲れて寝てしまうのを待つという手もなくはないのですが、それはそれで、私自身にとってもストレスのたまる厳しい選択ですし、結局やらなければならないことを先延ばしにするだけです。

ある日、息子と遊んでいるときに娘が泣き始めました。（そろそろミルクタイムか……）息子に、「ミルクをあげるからちょっと待っていてね。終わったら続きをしようね」そう言って、授乳が終わるまで待ってもらっているときでした。ふと、傍らにある息子のアンパンマン枕が目に入りました。（！　これはイケるかもしれない……）私はおもむろにアンパンマン枕を引き寄せ、ほ乳瓶の下へ置いてみました。そして、枕に乗せたほ乳瓶の吸い口を、娘の口元へ当ててみると……なんと！　飲んでくれるじゃありませんか！　この出来事が、後に当社の大ヒット商品の一つである「ママ代行ミルク屋さん」につながります。

でも、授乳途中でほ乳瓶が倒れたり、角度が上手くいかなかったりと、この時点ではスムーズとはいえませんでした。それならばタオルでやってみよう！　これもまた、タオルがほ乳瓶の重さでペシャンコになります。ですが、なんとか、娘の授乳の様子を見ながら息子と遊ぶことができたのです。いつも待っていてくれた息子も大満足です。そこから授乳タイムはタオル2枚を絡ませてボリュームをつけたり、角度が合わなくなったら置きなおしたりして乗り切りました。ほ乳瓶を置くクッションが売られていないかベビー用品店に見に行きましたが、ありませんでした。「あったらいいのになぁ」。

息子が2歳7カ月・娘が7カ月のとき、経済的な事情で私は正社員で働くことになりました。ありがたいことに、職場は自宅から車で5分の場所にありました。しかし、子育て・家事・仕事をこなしていくことが、とんでもなく大変なことだと痛感しました。朝起きて、朝食の準備、主人を見送った後、子どもたちのご飯・着替え・保育園の準備・自身の仕事の準備・保育園への送り。仕事が終わると保育園へ迎え・夕食作り・洗濯・お風呂・片付け・子どものお世話・寝かしつけ……自分の時間はほとんどありません。唯一の自分の時間は、保育園から仕事場へ向かう5分と、仕事場から保育園に向かう5分の計10分のみです。体力に自信のあった私でしたが、ある日、子どもとお風呂に入っているとき、自然と涙がこぼれ落ち泣いてしまいました。吐き気・過呼吸・無気力・言葉が出ない・笑うことができない・異様なまでのお腹の張り。病院へ行くと、体の異変の正体はパニック障害と不安神経症ということが判明しました。心療内科へ通い、薬での治療が必要となりました。心の病を患った状態での子育ては、壮絶なものでした。家族の太陽であるはずのお母さんに、笑顔はありません。心療内科の医師に泣きながら心の内を話す日々。「もうダメかも」と思ったこともありました。治療が進み、少しずつ体が安定してきたころには、子どもはほぼ手がかからないまでに成長してくれていました。

そんなとき、ぼんやりと見ていた「ウィメンズパーク」というサイトに目がとまりました。そこには「上の子どもと遊ぶ時間がとりづらい」「同時に泣く双子の授乳は一人では難しい、泣きそう」など、自分が子育て中に困っていたことが、10年経った今も、同じように悩みの種になっている現実を知りました。母親の心と体に余裕がなければ、子育てが困難になることを、身をもって経験した私が、やるべきことが決まった瞬間です。子育て奮闘中に「あったらいいなぁ」と思っていたあのアイテム。そう、「ママ代行ミルク屋さん」です。私のような心身に余裕のない子育てをしてほしくない！　お母さんを助ける商品が必要だ！　そう思い立った私は、仕事の合間をぬって、商品化の準備にとりかかりました。

販売個数0個の〝記録更新〟を続ける日々

それからは、時間を見つけては、商品開発に取り組む日々が始まりました。商業科を卒業し、事務員の経験しかない私です。お金・人脈・ノウハウ、何もありませんでした。素人も素人、普通の主婦です。

会社でのある日、ふと、紙を数枚まとめて留めるゼムクリップを手に取り、グニャリとL字に曲げて置いてみました。

（これは！）

「ママ代行ミルク屋さん」の基本となる形ができ上がる瞬間でした。L字のゼムクリップから商品に必要な安定感と、ほ乳瓶をキャッチする傾斜部分をしっかりとイメージすることができました。ベースの形が決まってから、クッション部分の素材探しが始まりました。勤めていた会社に、スポンジが捨ててあるのを見つけては「この素材は使えるかも」と、図面を描きました。あるとき、少し硬質のスポンジ見つけ「これなら軽いし、赤ちゃんがぶつかっても大丈夫。これで進めていこう！」と意気揚々に。しかし、その後ショッピングモールでショッキングな光景を目にすることになります。

そのショッピングモールには、さまざまな形や大きさのほ乳瓶が、たくさん売られていました。電球のように丸みを帯びたもの、ほ乳瓶の真ん中が、握りやすいようにキュッとくびれたもの……。「えっ、今ってこんなに種類があるの？」そう、私が子育てをしていたときは、ほ乳瓶と言えば細長いものが一般的で、今のようにユニークな形のものはあまり見かけることはなかったのです。10年間の間に、時代は流れてしまったようです。

一気に天国から地獄へ。なぜなら、私は〝昔の〟ほ乳瓶をベースに素材や設計図を考えていたためです。世間の皆さんがご使用になるほ乳瓶のすべてに対応しなければ意味がない。ただのクッション素材ではダメだ。この一件から、私はどんな形をも包み込むことができる「ぐにゃぐにゃ」素材を探し求めることになります。

このころ、9年勤めた建設会社を退職しました。とてもお世話になった会社でしたが、病気が完治していない私の体では、定時の仕事を続けることが難しかったのです。その後は失業保険を貰いながら、素材探しを続けました。仕事を辞め、好きなことに没頭すると、病気の症状が軽減され、気持ちが楽になりました。なかなか進まない素材探しでしたが、毎日が新鮮で、とても楽しかったです。

「知らない素材が潜んでいるかもしれない」と、私はしょっちゅう、ショッピングモールへ行きました。けれども、なかなか「ぐにゃぐにゃ素材」は見つかりません。

そのようななか、ある日、寝具売り場を訪れました。枕や布団、クッションが所狭しと置いてあります。片端から素材を確かめましたが、ピンとくるものはありませんでした。「ないのかな……」と思ったそのとき、店の片隅にある、売ることを半分諦めたかのような、お世辞でも綺麗とは言えない大きなワゴンが目に入りました。錆かけたワゴンには、いかにも売れ残りのクッションが無造作に積み上げられていました。その中にあったハート形の黄色いクッションを手に取りました。再び、地獄から天国へ這い上がる瞬間でした。

その素材はとても軽く、伸縮生地と相まって「ぐにゃぐにゃ」の感触でした。私にとっては初めてのさわり心地と掴み心地でした。すぐに品質表示タグを見て、発泡ポリスチレンという発泡スチロールを細かなビーズ状にしたものが使われていると知りました。「これはいけるかも」しかも、セール品で500円。失業保険受給中の私にとって優しい価格です。調べると、発泡ポリスチレンビーズと生地の相互効果で「ぐにゃぐにゃ感」を出していることがわかりました。こうして、クッションの中に詰める素材が決まりました。

しかし、そのクッションを作っている会社に電話するも「最低ロット数は2万個」というとんでもないことが判明し、その会社での製作は諦めざるを得ませんでした。

同時進行でほ乳瓶を受け止める、滑り止め素材も探していました。滑り止め＝作業用軍手（ゴムのつぶつぶが付いているもの）が頭をよぎりましたが、調べているとゴムはアレルギーを引き起こす可能性があり、使用できないと考えました。そんなとき、赤ちゃんの靴下の裏についている、アクリル樹脂の滑り止めとの出合いがありました。運よく、その会社はクッションの中身に使いたい発泡ポリスチレンビーズの取り扱いもあり、ロット数も100個から。一気に前進しました。ここまでくるのに半年が過ぎていました。

ようやく商品が仕上がり、次はいよいよ販売です。まずは、ヤフーオークションとａｍａｚｏｎに出品しました。そのころには失業保険も切れ、ケンタッキーでアルバイトをしていました。バイトの帰り道に「入札はあるかな？」と、ドキドキしながら携帯を見るも、入札0件の日が続きます。1カ月間、販売個数0個の記録更新を続けました。

そんなある日、商品が突然2個売れたのです。見ると、双子のお父さんが購入してくださったようです。「私が試行錯誤して作った商品を必要としてくれた……」天にも昇るような、初めて感じる喜びでした。ちょうどそのころ、発明コンテスト特賞受賞・ビジネスプランコンテスト受賞という嬉しい結果も舞い降りてきました。広告費を出せない私は新聞社に飛び込んだり、育児雑誌に無料で掲載してもらえる枠がないかを尋ねたり、自分にできることは果敢に挑戦しました。そうするうちに、少しずつ商品が売れ始めました。特に「双子育児に欠かせない」という口コミは、商品の魅力と認知をぐんと広めてくれました。お客様に口コミをいただける喜びとありがたさ、重要性を感じました。

口コミが広がりメディア掲載へ

「ママ代行ミルク屋さん」が売れ始めたころ、もう一つ、子育てで困っていたことを思い出しました。それは「寝かしつけ」。特に、一人目の息子は、出産した病院のスタッフでもスムーズに寝かしつけのできない子どもでした。入院中は看護師さんが子どものお世話をほぼしてくださっていましたので、病院で寝かしつけをすることはありませんでした。産後、実家に帰ったとき、ついに寝かしつけの苦労に直面することになったのです。

——息子が、寝ない！

抱っこすること1時間。「ようやく寝たかな？」と、慎重に慎重に布団へおろします。しかし、息子は異変を感じ、泣き出します。慌てて抱き上げる私は、また抱っこを1時間しますが。布団へおろすと泣き出す……その繰り返し。やっと寝てくれたと思っても、短時間で目を覚まし、再び泣きじゃくります。私が泣きたいくらいで、もうヘトヘトでした。

そんな日々をずいぶん過ごしたころ、退院時、看護師さんの「息子さんはうつぶせ寝ならよく寝てくれますよ」という言葉を思い出しました。実際、うつぶせ寝にすると驚くほどよく寝てくれるようになりました。

しかし、うつぶせ寝が推奨されていたのは、私が子育てをしていた10年以上前の話です。現在では、うつぶせ寝は危険な寝かせ方であるとの認識が主流です。

うつぶせ寝は怖い。けれど、世の中のお母さんを、子どもの寝かしつけから解放してあげたい。そんなアイテムをつくることはできないかと考えました。そこで、まずはプロにアドバイスを求めてみようと、地元の保険センターへ行き保健師さん、助産師さんに相談してみました。

保健センターで、赤ちゃんの背骨は丸く、Cカーブであり、成長を経てCカーブからS字カーブの背骨になって、歩行が可能になること。それまでは丸く寝かせてあげることが大切であることなどを教えていただきました。そのとき初めて、10年前、息子の寝かしつけがスムーズにいかなかった理由を知りました。平らな布団やベッドでは、赤ちゃんの丸い背骨がフィットせず、不快に感じて泣き出すということです。プロに教えていただいた「赤ちゃんの寝かしつけ3カ条」は以下の通りです。

①安全であること　②Cカーブであること　③包まれ感があること

これを聞いたとき、過去に読んだある記事を思い出しました。それは、農家さんが農作業をする際に、丸い籐かごに座布団を敷いて、そこへ赤ちゃんを寝かせておくと、よく眠ってくれて仕事がはかどったというものです。たしかに、これなら背骨Cカーブと、包まれ感が担保されます。

そこで、この籐かごの現代版をつくろうと思いました。「ママ代行ミルク屋さん」で使っている、どんなほ乳瓶でも形を変え、包み込む素材は現代版籐かごに応用できます。

商品を完成させると特許出願を済ませ、モニターを募って実際にお父さん、お母さん方に使っていただきました。すると、「ぐっすり寝てくれる」「子の睡眠時間が延びた」「背中スイッチが入らず、寝かしつけがスムーズ」「無くてはならないものになった」とうれしい声が続々。こうして二つ目のヒット商品「おやすみたまご」が生まれました。

販売を始めてから2年ほど経ったときに、ベネッセの「ひよこクラブ」で「寝かしつけ神アイテム」に認定されました。事業も軌道に乗り、個人事業をやめ法人化しました。

私の場合、「個人事業を始めるぞ」「法人化するぞ」という意気込みはなく、自然の流れでここまでやってきました。お客様の口コミやレビューがよい循環となって、マスコミにも伝わり、紙面やテレビなどに取り上げてもらうこともありました。直近では「ママ代行ミルク屋さん」が、テレビ朝日の「アメトーーク」で紹介されました。これは、お客様のお声が生み出してくださった広告なのだと思っています。

資格もお金もない。でも踏み出した

私の会社のビジョンは「お母さんの心と体に余裕をもっていただく」ことです。

お金を儲けることを目的に始めたものではなく、自分が困っていたことをもとに「○○をつくって助けたい。○○を使って喜んでいただきたい。○○を使ってお母さんの心と体に余裕を持っていただきたい。そして、笑顔で子育てをしていただきたい」という思いを持ち、自然の流れで現在に至っています。

目的が明確であると、迷いや壁にぶつかったときも、一時の判断で道を間違うことはありません。どうすれば喜んでいただける商品になるか、役立つ商品になるかをしっかり考えられると、何をするべきか、形は見えてくると思います。

私は、資格もない、取柄もない、お金もない、人脈もない主婦です。しかも、起業を思い立ったのは34歳と、中年ど真ん中です。もう、情熱しかありませんでした。でも、その情熱は自分を奮い立たせ、自分を動かし、人をも動かすことができるのだと確信しました。そして、自分のやりたいことに出会い、自分の思いを形にし、お客様にお喜びいただけるという事業の中で、自身の体がどんどん元気になっていくのを実感しています。表情も明るくなり、毎日がイキイキとしています。

起業のきっかけとして、自分の困りごとから考えてみるのも一つの方法だと思います。自分が困っていることは他人も困っている可能性があります。つまり、ニーズがあるということです。それを掘り下げてみることが大切だと思います。

例えば、困りごとがあったときに、まずは現在、その問題を解決する方法はあるのかを調べます。なければ、そのアイデアを深めてブラッシュアップをしていきます。反対に、すでに解決する方法がある場合は、それを超えるものを考えられたら、世の中がもっとよくなります。その繰り返しです。

女性の場合、特に、私のような子どもがいる主婦は、自由に使えるお金が少なく、事業資金もないことが多いと思います。そういう場合は、縫製関係なら自分で試作もできるため、業者にお願いする必要がなく、比較的起業しやすいと思います。

その際、縫製のレベルは学生のときに学んだ基礎的な技術で十分です。低コストで始められ、探せば小ロットから製作してくれる会社もあります。私は9万円を家のお金から借りて、事業を始めました。

起業当初、プラスチック関係に見積もりを出してもらうと、金型代が高く初期投資が数百万円になることを知りました。数百万円という大金を準備するのも大変なことですし、回収するには商品が売れなければなりません。そうなると、売ることが目的となってしまい、本来の目的を見失う恐れがあります。先にもお話しした通り、小さく始めて大きく育てることで、リスクを最小限に抑えられます。

チャレンジに失敗はつきものです。小さな失敗をしながら、次への挑戦を恐れず前へ進んでいきましょう。私のように発明・考案を事業にする場合は、特許や意匠・商標などの知的財産権が強い味方となってくれます。商品がヒットすると、真似をする事業者が出てきます。それを知的財産権で牽制し、小さく始めた事業をきちんと守りましょう。特許申請は、複雑なものでなければ、思いのほか安価ですので、おすすめします。

私の会社は、自社生産ではなくOEMです。自社で企画したものを他社で製作してもらい、それを仕入れ自社ブランドで販売しています。企画・開発は自社で行っています。世の中にはモノ作りが得意な会社・モノを売るのが得意な会社など、さまざまな企業があります。自分が苦手だったり、自社でやるにはリスクがあったりする場合は、それを得意とする会社にお任せしましょう。無理をしないことが重要です。

現在はSNSも普及し、自社商品をアピールできる場は多くあります。比較的、簡単に起業できる時代になったと思います。

勇気をもって踏み出してみてください。きっと、違った世界が見えてきます。

Message

あなたへのメッセージ

「起業」は人生を変え、
自分を大きく
成長させてくれる生涯修行。
目的を明確にして
得意なことを見つけ、
楽しみながら
続けていくことが大切。

大杉千里さんへの
お問合わせはコチラ

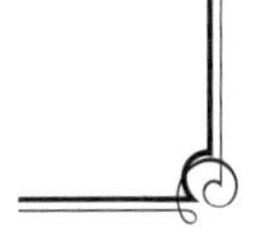

AK合同会社 代表
美容機器販売・サロン

木村あかね

オープン後、
瞬く間に
人気サロンに！
ヒントは
「やりたいことは、全部やる」。
それが、成功する
一番の近道

Profile

1978年、広島県出身。元ピアノ講師。子育て中の34歳のときに、美容師免許を取得。まつ毛エクステのお店を開業。その後、興味があったコラーゲン生成のエステを導入し、メーカー主催の全国コンテストで優勝する。美容と健康を融合した施術を目指し、美容気功のほか、病気にも対応できる中国の外気功を学び、がん患者のケアなどを行っている。

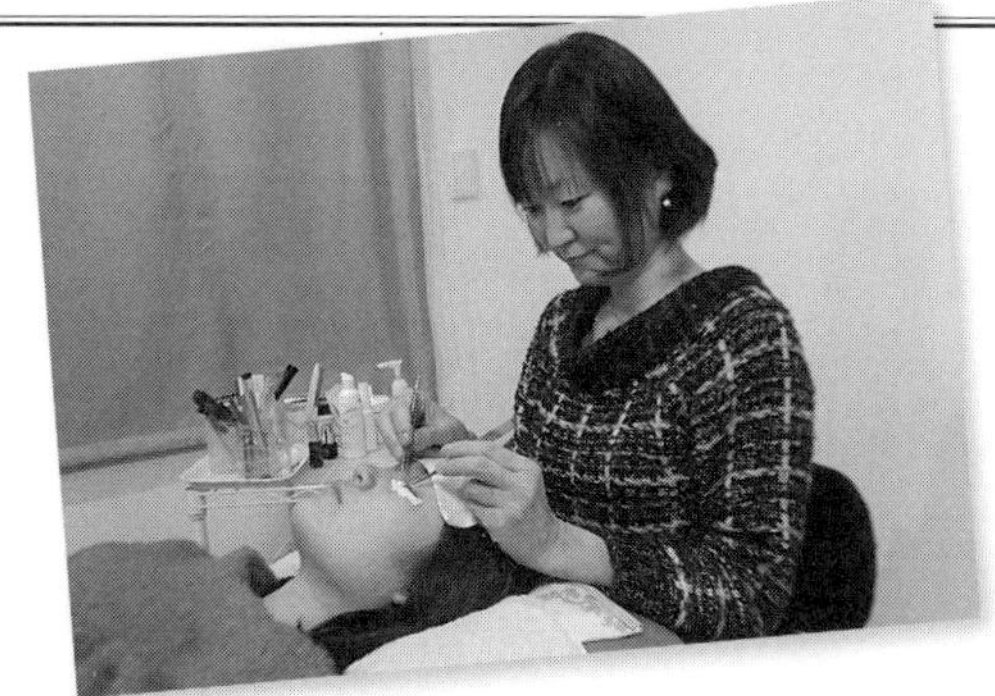

1日の
スケジュール

Morning

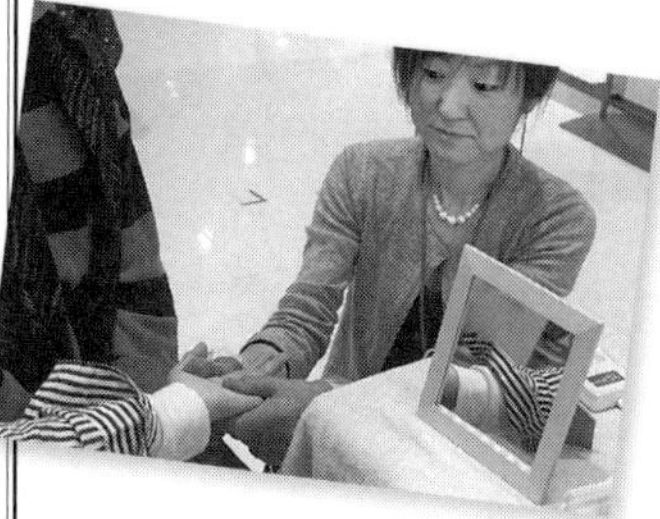

7:00 起床

9:00 サロン営業

17:00 サロン終了

18:00 夕食

19:00 サロン営業

23:00 サロン終了

1:00 就寝

Afternoon

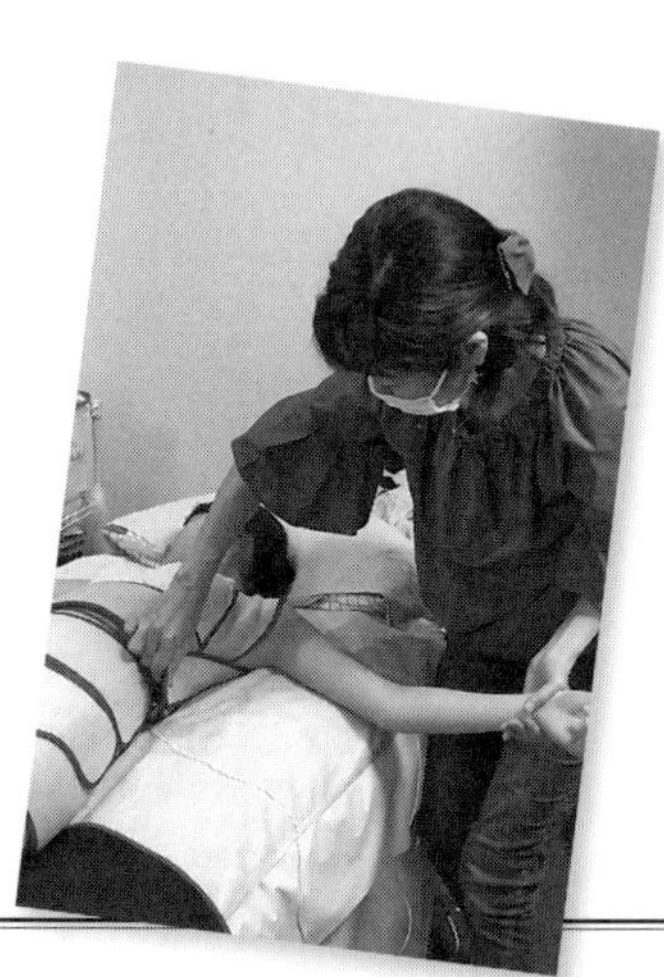

もし、私自身が通うなら？

私は、広島県広島市安佐北区で育ちました。場所は広島市の北側あたり。シーズン中は、鮎釣りで賑う清流の太田川がそばに流れる、自然豊かな環境で育ちました。

4歳からピアノを習いはじめ、奏でる楽しさを覚え、少女時代には「将来ピアノの先生になる！」と夢見ていました。

中学生以降も、柔道や極真空手、合気道など、やりたいことはなんでもやるタイプで、それは今もあまり変わっていないかもしれません。

学業を終えて、少女時代からの希望だった「ピアノ講師」になり、結婚を機に退職。子育て中のころ、家でできる仕事を探していました。当時、知人にまつ毛パーマ店を自宅で営業している方がいて、なかなかの人気ぶりでした。そのころ、マツエクは、認知も広まり切っておらず、めずらしいメニューでした。「私もやってみたい」と思い立ち、まつ毛パーマとまつ毛エクステの講習を受けました。

技術も難しく、施術に慣れるまでは大変でした。ですが、私の地域ではまだ広まってなかった分、ビジネスチャンスだと思い、懸命に取り組みました。

ちょうどそのころ、娘が幼稚園の2歳コースに入れることになり、幼稚園に預けている間、美容室のスペースの一部を借りて、マツエク店として営業を始めました。ゼロからの集客でしたが、ヘアーのセット面から見える所で施術をしていたので、うまく注目が集まり、徐々にお客様が増えていきました。

当時、マツエクの価格相場は1回3万円程度と高額でした。そのため、どうしても「マツエク＝高い」というイメージがついていて、広まりはごく一部に限られていました。「たしかに、3万円もするとなると、ずっと通い続けるのは難しい」「もし、私自身がマツエクに通うなら……」と考え、当店では1回5千円というお手頃な価格に設定しました。しかも、1カ月以内の再来店で、価格を半額にするシステムをつくりました。毎月気兼ねなく通うことができる価格にしたことで、どんどんお客様が増えました。

さらに、一般的に、施術時間は2時間を要するのですが、訓練をして1時間で仕上げる技術を身に付けました。回転率を上げることで、低い客単価をカバーすることが可能になりました。

その後、お店を移転しても、お客様が離れず、ずっとついて来てくださいました。

コラーゲンのひみつ

こうして、トントン拍子に自分のお店を持ちました。その後は、マツエクの施術をするかたわら、バストアップに興味があった私は、コラーゲン生成の機器メーカー、株式会社フレキシアさんに出会い、商品を取り扱えるＦＴＩエキスパートサロンに認定されました。

実は、コラーゲン生成はとても大切なことで、コラーゲンが減少すると、たるみやシワの原因になってしまいます。コラーゲンがバスト以外の顔はもちろん、全身の若返りに必要なことだと知ったのは、フレキシアさんと出会ってからでした。

人は年齢とともに顔のたるみが気になりはじめるのですが、ケアをする際、お顔のみに集中してしまう方は多いのではないでしょうか。身体もお顔と同じ肌年齢なので、お顔がたるんでしまっている方は、身体の皮膚もお顔と同じ状態になってしまっています。

しかも、たるんだ身体の重さに、お顔が引っ張られているのです。繰り返しになりますが、お顔と同じだけ、全身のコラーゲン生成のケアが必要となるわけです。

……コラーゲンについて、つい熱く語りすぎてしまいました。私がこれほど美容に夢中になったのは、マツエクのお客様をモデルに、全身の若返りのコンテストに出場することになったときだと思います。

そのお客様は、当時58歳。ご自身で15キロのダイエットに成功されています。体重は減りましたが、お腹に1本のたるみの線ができてしまい、それが気になって仕方がないとのことでした。

私も、このようなたるみを改善できている実例は手術以外に見たことがないので、コラーゲン生成の力でなんとかならないかと考えました。そのころ、フレキシアさん主催のコンテストが開催されると知り、コラーゲン生成の力を試そうと、お客様とコンテストに参加することにしました。

コンテストは、3カ月の間、可能な限り施術をして、できあがった before と after で公平に選んでいただくものです。

3カ月間、私もお客様も頑張りました。後から聞くと、お客様も「木村先生を優勝させなきゃ！」と、日頃のお手入れなど努力してくださったようです。3カ月後には、私もお客様も悔いのない仕上がりになりました。

コンテストの結果を待っている間、緊張しすぎて吐き気が起きるくらい、今思えばどうにかなりそうな心境でした。

結果は「優勝」でした。その後も、しばらくの間は信じられませんでしたが、1位をいただけたのです。ぜひ、フレキシアさんのHPもしくは、私のHPでbeforeとafterの写真を見てみてください！(https:www.kimura-akane.com/)

ちなみに、バストアップに興味を持ったのは、Instagramの投稿を見たことがきっかけです。施術前、施術後のbeforeとafterが掲載されており「こんなに変われるんだ」「私もやってみたい」と思ったのがはじまりでした。

その後、フレキシアさんの機械をサロンに導入し、サロン2周年記念の際のプレゼント企画に「バストアップ施術」「フェイシャル施術」を入れてみました。

すると、施術したお客様全員に驚くほどの変化が見られ「機械を購入したい」というお客様がたくさんいらっしゃいました。結果、爆発的に機械が売れ、北九州市のサロンに、東京のメーカーが視察に来られることもしょっちゅうでした。

自分自身が「やってみたい」と思ったことがビジネスに繋がるんだと、改めて感じた出来事でした。

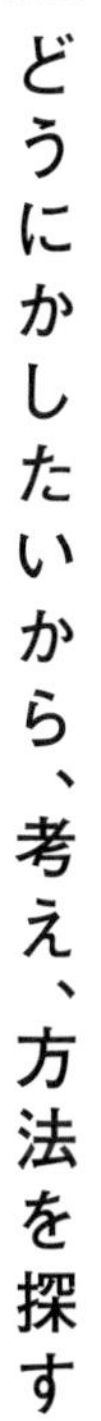

どうにかしたいから、考え、方法を探す

全国大会優勝から2年たったときのことです。幹細胞や水素のグッズを取り扱う方とのご縁がありました。私は以前から、目の下のたるみへの美容作用や発毛効果があると言われている、幹細胞培養上清エキスを使ったまつ毛の美容液を取り扱いたくて、探していました。

その商品を取り扱うことがきっかけとなり、その他のヘアケア、化粧品類、サプリメントなど、最先端のグッズを知ったり、その会社で開催されている、美容や医療についての勉強会に参加したりするようになりました。

その勉強会で、気功の先生と知り合う機会がありました。そして、その1年後、仕事でお世話になっている知人が、すい臓がんを患っており、抗がん剤治療中であることを知りました。そして、この二つの出来事が、最終的に私の中で結びついたのです。

すい臓がんは見つかりにくいがんのため、発見されたときには、すでに進行しているケースも多く、がんの中でも治りにくいがんと言われています。

私は美容の仕事をしている身ですが、美容と健康は共通点が多いですから、再生美容や再生医療に関する知識も勉強しています。そのため「こんながんにはコレ」という情報は知っています。知人には、可能な限りアドバイスをさせていただきました。

すると、アドバイスを実施した2日後の血液検査が、びっくりするほどよい数値だったとのことです（こちらは、私のブログにデータを出してもらえるとのことです）。

血液検査の結果が改善していたこと自体うれしかったのですが、そのとき、私はふと、勉強会で出会った気功の先生のことを思い出しました。気功療法を合わせて試してみたら、もっと症状が改善するのではないかと考えたのです。

気功療法とは、体に流れる気の流れを整え、正常に戻すことで、病気の症状の改善を図る方法です。中国では古い歴史があり、医学的、武術的文化遺産にもなっています。中国全国の中医病院（日本でいう国立病院にあたる）に気功治療科が設けられ、難病治療に効果を上げていると言われています（中国気功法　林厚省より）。実際、気功で末期のがんや難病まで治ったケースはたくさんあります。

実は、20年前、私は気功を習っていました。きっかけは、ある映画です。超能力者がさまざまな病気を治すシーンがあり、その手から出ているものは気功に近いと科学的にわかったことがはじまりです。

それからは、図書館にあった、気功について書かれた本を全部読み、「これだ!」と思う先生のもとで気功を学びました。ただ、当時は習得できず、断念していて、それが心残りになっていました。

気功について、忘れられない出来事があります。

11年前。大切な方がくも膜下出血で倒れました。ＩＣＵに入っていましたが、病院では治療はできないと言われました。人工呼吸器をいつ外すかを問われていたときでした。

私は少しの可能性に掛けたくて、必死に調べたところ、くも膜下出血を回復させた気功師を一人見つけました。

東京在住の気功師のA先生です。「世界医学気功学会が認める13人のひとり」の中国人の先生で、本も出版されています。

そのA先生にＩＣＵに入ってもらい、気功治療をしていただきました。

気功は目に見えないものなので、それが嘘なのか本当なのかわからないと思います。ですが、ＩＣＵの中だったので、患者さんは血圧の数字が表示される機械につながれている状態です。そのため、その数字を常に見ていました。

すると、気功を始めた瞬間、この数値に変化が起きました。気の流れが血行を操るかのように、数値が瞬間的に上がり下がりをしました。機械が壊れたのかと思うくらいでした。気功とは目に見えないもので、その変化については信じるか信じないかは、その人次第だと思います。それが目に見える現象として現れたので、心から驚いた瞬間でした。

勉強会で出会った気功の先生、そして、知人のがん治療をきっかけに、この記憶を思い出し「もう一度、気功を習得して。病気の方の役に立ちたい」という気持ちが沸き上がってきました。その後は、がんや難病と闘っている方たちとの交流もはじめました。

私の中で「みんながこうだったらいいな！」と思っていることは「元気に過ごすこと」「生きること」です。

昔から、「もう治らない」「手遅れ」と言われていた病気の方と出会うと、「どうにかしたい」と思い、考え、方法を探します。人は、生きていればいつか、大事な方の危機や病気に直面します。当たり前のことですし、それが試練だともわかっています。ただ、奇跡的に元気になっている人も存在します。

私が今、やりたいことは、病気を治すのではなく、完治できなくても、共存しながら元気に過ごすアドバイスをすることです。最近では、美容のほか、それらに関する勉強も進めています。

「気功」で自己免疫力を高めることで、がん細胞が減る可能性は大いにあります。この可能性については人間が生きている以上、永遠のテーマになると思います。

「点」で起きたことも、繋がることで「線」になる

気功を改めて習い始めて、半年が経ったころです。それは兄の誕生日でもある3月14日。母親がくも膜下出血で倒れました。幸い意識はあるものの、長時間に渡る大きな手術をしました。

手術は無事に終わったものの、後遺症は避けられませんでした。医師からは、右麻痺と言語障害が既に出ていること、今後は寝たきりになること、退院の目処は立たないと告げられていました。

父親も妹も、半分諦めていました。

私は「意識があるならなんとかなる」と思い、すぐに習っている気功の先生に報告しました。

驚くことに、手術内容を何一つ伝えていないのに、先生から「頭の左側あたりの反応が強い」と教えてもらい、イメージを左側頭に向けて、毎日「気」を送りました。

すると、一週間後に母は立ち上がることができました。その一週間後には歩けるようになりました。さらに、言語もみるみるうちに回復していきました。今現在も、まだまだ完璧な状態ではないけれど、家族全員驚いています。

気功を習っていなければ、きっと祈ることしかできなかったと思います。今回、気功を再び習い始めていたことで遠隔療法ができ、本当によかったと感じています。

そして、同時期のことです。気功の講座も終盤に差し掛かり、たくさんの方に気功の練習台になってもらいたく、声掛けをしていました。そのときに紹介していただいたのは、ステージ4の唾液腺がんの方でした。頬にがん細胞があり、痛みも感じるとのこと。実際にお会いし、私が気を当てると「痛みが取れた」とおっしゃってくださりました。とは言うものの、痛みが取れたかどうかは本人にしかわからない感覚なので、まだ練習の身の私はうれしい反面、正直なところ、半信半疑でした。

その方は、頬のがん細胞の影響で、口が少ししか開かないことにも悩まれていました。「口が開くようにできないか？」とおっしゃり、私は「頬のがん細胞よ、消えろ」そして「口よ開け」とイメージし、気を当てました。すると、先ほどより口が開くようになり、これには紹介者の方も、ご本人も、私も驚きました。気功とは本来、目に見えない物ですが、この経験で、目に見えて「気」の力を感じることができました。

やりたいことをすべてやってきた今、自分の行動を振り返って思うのは、まず、後悔がないことです。

そして、可能性を見つけるため、探し、考え、自分を信じました。

私が仕事としてきた「美容」ですが、究極は「健康」とつながっていました。自分を信じて、時間がかかってもいいから、直感で行ってきた行動が、後で全部つながっていることに気付きました。

私は、私の周りの人や、私に関わっている人で困っている方がいたら「絶対に役に立ちたい」と思います。そんな気持ちが、常に心の隅っこにあります。

きれいごとは言えないので、今は身近な所の範囲での表現になりますが、この本を読んでいただいたことで、ご縁はつながります。それが今回、この本に携わる意味だったのかな……と思っています。

あらゆることは「点」で起きます。が、後にすべて繋がっていくことで「線」になると思います。

自分の経験談が誰かのヒントになってくれると幸いです。

Message

あなたへのメッセージ

一見、バラバラのように見えても、
やりたいことを
一つずつ行っていくだけで、
後から振り返ると、
すべてが「線」でつながる。
小さなことでも、
まずは始めてみよう。

木村あかねさんへの
お問合わせはコチラ

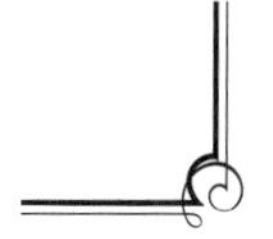

一般社団法人日本パーソナルイメージスタイル協会 代表理事
サービス業・スクール運営

木村麻美

「これが私の天職」
コンプレックスの塊
だったスタイリストが、
人の人生を彩るまで

Profile

1983年、新潟県出身。高校卒業後、百貨店で10年半勤務。在籍中にパーソナルスタイリストの資格を取得し、結婚を機に独立。「パーソナルカラーサロンAlice」をオープン。2017年一般社団法人日本パーソナルイメージスタイル協会を設立して代表理事となる。オリジナルの17タイプイメージ診断メソッドが口コミで評判を呼び、受講希望者が殺到。現在2社を経営しながらアパレルやエステ事業を行うなど、実業家として活躍中。

1日の
スケジュール

Morning

8:00 起床・身支度

9:00 自宅を出発

10:00 本社・サロンへ出社

10:30 スタッフとミーティング・打合せ・パソコン仕事など行う

13:00 お昼休憩

17:30 サロンから退社

18:30 帰宅し夕食

20:00 片付け・洗い物

21:00 お風呂・娘を寝かしつけ

22:00 フリータイム（ＴＶ録画やYouTubeや仕事など）

24:00 就寝

Afternoon

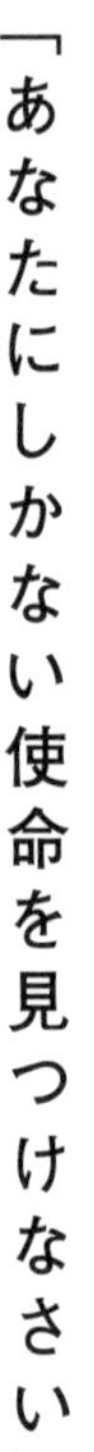

「あなたにしかない使命を見つけなさい」

身長１４８センチ、一重の目。丸い骨格でぽっちゃり体型。学生時代の私はとにかくコンプレックスの塊。「どうしてあの子みたいに美人じゃないの？」「なんでお金持ちの家に生まれてこなかったの？」常に人と比べては、自分の人生を恨んでいました。生まれた瞬間に運命は決まっていて、変えられない。神様はなんて不公平なのだろうと思って過ごしていました。

そんな私に転機が訪れたのは、高校1年生のとき。大好きな彼氏ができたのです。「こんな私にも彼氏ができた。しかも、イケメン！」と初めて自分に自信をもつことができ、それからは恋愛に一直線。せっかくできた彼氏に嫌われないよう、常に機嫌をとり、自分を押し殺して彼に合わせていました。彼がいることが私の人生のすべてになっていました。でも、そんな幸せな期間は長くは続かず、振られてしまったのです。

「やっぱり私には魅力がないんだ……」もともと、自己肯定感が低いのもあって、私は自暴自棄になりました。彼がいない自分には価値がない。なんのために生きるのかわからない。もう、いつ死んでもいい。母に八つ当たりをする日々でした。

それでも母は「この世には使命がある子しか生まれて来ない。麻美にしかできない使命が必ずあるのよ。それを見つけなさい」と、いつも私を励ましてくれました。

男性側からしても、依存してくる女性より、自立している女性に魅力を感じるのは当たり前でしょう。今ならわかります。

一方で、この失恋によって「私は中身が空っぽで何もない」「今までの私は、他人によって自分の人生の幸せを左右している」ということに気付くことができました。このまま人生を終えたくない。ただ時間だけが過ぎていく毎日から脱却して、一生に一度の人生を、本気で生きてみようと決意しました。

高校卒業前は就職活動に専念し、志望していた百貨店への就職を勝ち取りました。百貨店では、売り場のマネキンなどのコーディネートをするＶＩＰと呼ばれる仕事を担当しました。

ある日、フロアを代表して「カラーコーディネート研修」を受けることになりました。そこで初めて「パーソナルカラー理論」の存在を知りました。パーソナルカラーとは、「春夏秋冬」の４つの季節に分類した色の中から、自分に似合う色を診断する理論です。

そのとき、講師の先生は私をぱっと見て「あなたはサマーね」と言いました。サマーは、青みがかった明るい色が似合うと言われているタイプです。
なんて面白いのだろう。もっとパーソナルカラーについて知りたい。研修から帰宅後、すぐにインターネットで検索をかけました。

今でこそ、パーソナルカラー診断はブームになり、サロンもたくさんあります。しかし、当時は「パーソナルカラー　新潟」で検索をしても、ヒットすることはありませんでした。調べていくうちに、東京や大阪などの都会には、診断サロンがあると知りました。

研修で「サマータイプ」と言われたものの、きちんと診断を受けてみたい。そこで、東京の有名サロンに赴きました。

けれども、そこでの結果は「ウインタータイプ」。

ウインターは、原色などの鮮やかな色や、モノトーンカラーといったコントラストが強い色が似合い、大人っぽくてクール、個性的というイメージを持つタイプです。

実は、ウインターは自分が「なりたい」と思っていたタイプでもありました。憧れのウインターが似合うと言われ、内心「やっぱり?」とうれしくなりました。そこからは俄然、ウインターのヘアメイクやファッションを取り入れました。

ところが、周囲からは「メイク濃すぎじゃない?」「なんか、めちゃくちゃ派手な色着ているね」など、褒められるどころかダメ出しをされるように。しまいには母からも「最近どんどん不細工になっている気がするのだけど、どうしたの？」と言われる始末。魅力が増すはずのパーソナルカラー診断が、なぜかマイナスに作用してしまったのです。

そこで再びサロンを探し「ここだ！」と思ったところで診断を受けました。すると、今度は「スプリングタイプ」という結果に。「クールや美人を目指すのではなく、元気、明るい、優しい、可愛らしいがあなたの魅力よ」と先生。

春夏秋冬の中でも、これまで診断されたサマーやウインターは、ブルーベースで青みが強く、繊細さやクールさを感じるグループです。仮に、赤色を例とすると、深みのあるワインレッドなどが得意です。ところがこの日、似合うと言われたスプリングは、イエローベースという黄みが強く、健康的で血色感があり、同じ赤系でも、トマトのような朱色が得意です。私の好きなブルーベースと正反対のイエローベースが似合うと言われ、衝撃を受けました。

けれども、騙されたと思って素直に活かし始めると、メイク後の顔が今までとは明らかに違う。そこから、人生が１８０度変わりました。

まず、毎日のように「いつも似合うメイクやファッションをしているよね」「オシャレだよね」など、今までかけられたことのないプラスの言葉を言われるようになりました。合コンでのモテ具合も、明らかに変わっていったのです（笑）。

この経験から、多くの気づきを得られました。例えば、パーソナルカラー診断は誤診もあるということ。そのため、誰に診断してもらうのか、それは正しい理論に基づいているのかを確認する必要があること。私のウインタータイプへの憧れのように、人間は自分にないものに魅力を感じてしまう「相補性の法則」が働くということ。そして似合う色がない人はいない。全員に、必ずその人にしかない魅力があるということ……。

過去の私は、自分のことが大嫌いで、自分を否定していました。そのため、生まれ持っていないものに憧れ、ないものねだりをしてきました。けれども、まずは自分が持っている魅力・色に気付き、それを活かせばどんな人でも自分らしく輝けるのだと知りました。私が本物のパーソナルカラー診断に出合い、初めて自分を好きになり、日々が楽しくなったように、この診断は「自分のことが好きじゃない」「毎日がつまらない」と思っている方の、人生を変えるきっかけになるかもしれない。

だから、この本当のパーソナルカラー診断を新潟に広めたい、たくさんの女性に伝えたい。母が言っていた「麻美にしかできない使命」。パーソナルカラー診断こそが私の使命なのだと確信し、本気で学ぶ決心をしました。

「必ず成功する」根拠のない自信

当時24歳。ここから「人生のリスタートにする」と決意し、三つの誓いを立てました。
一つ目は「幸せを誰かに左右されるのではなく、自分で自分を幸せにする」
二つ目は「一生独身だとしても、自分を一生養うだけの経済的自立をする」
三つ目は「もし結婚できるなら、自分を一番大切にしてくれる男性と結婚をする」
自分の人生を変えてくれたパーソナルカラー診断を学ぶため、休みの度に3カ月間、新幹線で片道2時間かけて東京に通いました。その度に、たとえどんなに帰りが遅くなっても、父が欠かさず駅まで送り迎えをしてくれました。家族の応援があったからこそ、無事に養成講座を卒業して資格を取ることができました。「いつか起業して、自分のサロンを持てたら、三つの誓いを果たせるのではないか」「両親に恩返しができるのではないか」と信じ、必死に行動しました。休みの日には友人に声をかけ、無料で100名以上の方に診断モデルになってもらい、スキルを磨いていました。

そんなとき、高校時代の友人から10年ぶりに連絡が入りました。「県外から新潟に帰ってきて、自分の美容室をオープンした。今度ご飯でもいこう」と。

再会した私たちは、お互いの近況を報告しあいました。私が「パーソナルカラリストとして、いつか自分のお店を持つことが夢なんだ」と話すと、友人が「まずは、うちの美容室で休みの日だけでも始めてみたらどう？」と言ってくれたのです。それから、百貨店勤務と並行して、パーソナルカラー診断を副業としてスタートすることができました。

しかも、一度広告を出すと予約が殺到。うれしさのあまり、仕事から帰ると夜中まで夢中でホームページの作成やブログの更新をし、数カ月間休みなく過ごしていました。

ところが、そんな毎日を過ごしていたある日、ついに過労で倒れてしまったのです。この一件をきっかけに独立を決意。２０１２年に10年半働いていた百貨店を退職しました。

独立時は29歳。独身彼氏なし。百貨店時代にパーソナルカラー診断の勉強にかけたカードローンが１５０万円あり、貯金はゼロ。周りには起業している人もほとんどおらず、パーソナルカラリストという職業も知られていません。「似合う色を教えるだけでお金取るの？」「それで食べていけるわけがない」など、本当にたくさんの否定的な意見をもらいました。でも、私にはなぜか「必ず成功する」という根拠のない自信があったのです。

とは言うものの、いざ起業してみると、やはりそれだけで生活をしていくことは難しく、実家暮らしをしながら親に甘える生活でした。夜中に棚卸のバイトなどを掛け持ちをして、結局二重生活を送っていました。それでも夢を諦めたことはありません。

なぜなら、私は自分の診断スキルとお客様を変身させる技術には、絶対の自信があったからです。

私はたくさんの診断データから「パーソナルイメージスタイル診断17タイプメソッド」という、オリジナルの診断法を確立していました。

従来の診断法はパーソナルカラーや骨格、顔タイプ診断などそれぞれ別々な診断法を受けて、自分に似合うものを知るスタイルでしたが、このＰＩＳ協会の17タイプメソッドなら、パーソナルカラー・骨格・メイク・ヘアスタイル・ファッションスタイルなど自分に似合うものがたったの一度の診断ですべて分かる最新鋭診断法です。それにより誤診も少なくなります。診断によって、本当に似合う色のメイク、ぴったりのヘアスタイルやファッションをまとったお客様はみんな、たった2時間で最高に美しく変身しました。

次第に、うれしい連鎖が起き始めました。診断を受けたお客様が、同僚や友人に当店をご紹介してくださり、口コミが口コミを呼び、気がつけば人気サロンになっていきました。なかでも、クローゼットをチェックしたり、お買い物に同行したりする「専属スタイリストコース」は人気で、多いときで１００名を超えるお客様にお申込みをいただきました。

起業してすぐに上手くいく人は、なかなかいません。まずは副業からでも、好きな仕事にチャレンジすることが後の成功を引き寄せるのではないかと思います。

三つの誓いをすべて達成！

そんな私の恋愛事情はというと、29歳で無職になってすぐのころ、5年ぶりに彼氏ができました。普通なら敬遠されるような条件の私でしたが、彼が言うには、大きな決断をしてまで夢に向かっている姿が素敵だと思ったようです。ちなみに、現在の夫です。

私自身も、彼に出会った瞬間に運命的なものを感じました。これまで知り合った男性の中で、内面も外面も一番素敵な人でした。24歳のときの誓いの一つである「私のことを一番大切にしてくれる人と結婚をする」を果たすことができました。

結婚を機に新潟市外に住むことになった私は、それまでお世話になっていた美容室へは距離的にも通うことが難しく、退職を決意しました。いよいよ本当の意味で独り立ちすることになったのです。

まずは物件探しから始めました。せっかくなので、以前から気になっていたプール付きの高級マンションを思い切って契約。予算は大幅にオーバーしていましたが、美容室の一ブースではなく、「パーソナルカラー＆専属スタイリストサロンAlice」として高級マンションにオープンしたことが、信用を呼ぶ結果となりました。

パーソナルスタイリストを育成するプロ養成スクールもスタートし、そのころには休みなく働いても、予約が2～3カ月待ちの大人気サロンになっていました。

私一人の力では限界だと感じ始めたとき、道で偶然、当店のプロ養成講座を卒業した相田亜希子さんに遭遇しました。相田さんは難関と言われるA・F・T認定色彩講師の資格を持ち、卒業生の中でも、群を抜いた診断スキルがありました。私が心から尊敬する女性の一人で「相田さんと一緒に働けたらいいのに」と妄想していた矢先、偶然ばったりと会ったのです。神様は度々このようなミラクルを起こしてくれます。

私の想いが相田さんに伝わり、一緒にAliceのカラリストとして活動することになりました。私の人生の大きな転機の一つです。それからは、相田さんとさまざまなイベントやメニューを企画しました。今では、サロンに所属するスタイリストが5名に増え、毎月100名を超える方に全国からご来店いただき、当店は自分には何が似合うのかわからなくなっているお客様の、駆け込み寺のような存在になっています。

私の自慢は、最高に素敵な仕事仲間と、いつも応援してくださる素敵なお客様、そして愛する家族に囲まれて、大好きなお仕事に携わっていることです。気付けば、24歳のときに立てた三つの誓いはすべて達成。人生は、自分の決断次第でいくらでも変えられるのです。

「人生を自分を愛する世界に彩ります」

起業しようと決意した理由は、他にもあります。一つは、新潟は他の都道府県と比べてうつ病にかかる人や、自殺者が多いという記事を見たことでした。

新潟は晴天の日が年間平均15日と少なく、曇り空や雨の日が多い傾向です。保守的な考え方をする県民性もあって、走っている車も黒、白、グレーがほとんど。街を歩いていても、道ゆく人が着ているお洋服はモノトーンばかり。百貨店に勤めていたので、色物は売れにくく、無難なベーシックカラーばかり手に取られることも体感していました。

「色彩心理学」というものがあるように、色は私たちの生活や心・感情にダイレクトに影響を与えます。明るい色を着たり、鮮やかな色に囲まれたりしながら、深く落ち込むことはなかなかできないのです。

もし、パーソナルカラーが新潟に広がれば、自分に似合う色とりどりのカラーをまとう人が増える。そうしたらきっと、この新潟を変えられる。そう思ったのです。

それからは私の大好きな〝新潟をカラフルに！〟をモットーに活動しています。

人生の中で一番つらかったのは、大好きだった父が亡くなったことでした。誰よりも私の活動を応援してくれていた父。恩返しも何もできないまま突然別れてしまい、後悔ばかりが残っていました。けれども、父の死をきっかけに、長年悩んでいた一般社団法人日本パーソナルイメージスタイル協会（略称ＰＩＳ協会）を設立する決意をしました。父の誕生日でした。

このＰＩＳ（ピース）協会には三つの意味が込められています。

①愛と世界平和を意味するピース
②パズルのピースのように、自分にぴったりのスタイルが見つかるという意味のピース
③自分らしさを知ったお客様が、笑顔でＶサインをするという意味のピース

私たちパーソナルイメージスタイリストが、お客様にぴったりなファッションスタイルをパズルのピースのように見つけ、自分らしさを知ったお客様が笑顔でＶサインをしてしまうくらい喜んでいただけるような活動をすること。そして愛と平和で満たされた世界をつくることが協会のビジョンです。

また、当サロンを卒業した生徒さんはたしかな技術があります。一方で、一地方のカラーサロンが認定するスタイリストでは、名刺に書いても箔がつかないのが実情です。けれど

も、ＰＩＳ協会を設立することで、社会的信用も増し、この問題も解消しました。こうして社会貢献していくことが、父への恩返しになるのではと感じています。

ＰＩＳ協会の理念は「人生を自分を愛する世界に彩ります」です。

当協会のパーソナルイメージスタイル診断は、ただ外見を綺麗にするだけのものではなく、一生に一度しかない人生を愛し、自分に生まれてきてよかったと心から思ってもらえることを目的にしています。

今まで私たちが信じてきた「綺麗になる方法」というのは、自分にないもの、欠けているものを補い、調和を取って美しくする理論です。でも、その考えでは「今のままの自分じゃ、完璧じゃなくてダメだ」って否定されているのと同じですよね？

私が思う本当のパーソナルカラー理論は、自分が生まれ持った肌や瞳や髪の色・骨格、パーツがもっとも自分にとって最高であり、必要なもの。それを自分にしかない魅力に変えて、ありのままの自分でも十分に素敵だと気づくことです。自分と同じ顔の人が一人もいないように、一人ひとり、その人にしかない魅力を必ず持っているのです。そして、外見の自分らしさを知ると、必ず内面にも影響が出ます。

これらに気付き、自分にしかない色を知り、自分を受け入れ愛すること。あなたがあなたであること。それが一番素敵になる近道だと私は信じています。

Message

あなたへのメッセージ

あなたにしかない
使命を見つけたとき、
人生は驚くほどに好転する。
まずは自分を愛し、
一生に一度しかない人生を
とことん満喫しよう。

木村麻美さんへの
お問合わせはコチラ

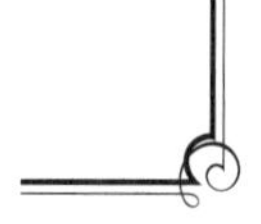

OurPetsどうぶつ診療所 院長
獣医師

クアク美智子

子育ての中で生まれた
新しい形は
日本初の
スタジオ併設型動物病院！
3児のママ獣医師の
あくなき挑戦

Profile

名古屋市内のスタジオ併設型動物病院「Our Pets どうぶつ診療所〜人とペットのためのスタジオ OurLife 〜」オーナー。勤務医時代は臨月まで仕事をこなし、産後育休中はメディカルアロマセラピストなどの資格を取得。育休からの職場復帰を計３回果たす。現在、３児のママ獣医師。自身の診療所での獣医療の他、動物病院勤務も継続。スタジオでは、ペット向けセミナーを開催。ドッグヨガ・ハンモックヨガインストラクターとしての顔を持つ。

1日の
スケジュール

Morning

6:30 起床・洗濯物を干す

7:50 小学生の娘たちを見送り

9:00 診療所診察スタート

15:00 いったん帰宅。夕食作り・娘たちを
それぞれの習い事へ届ける
習い事の待ち時間
（往診 or カフェで勉強 or 事務仕事）

19:00 帰宅し夕食
習い事に行っていない娘たちの
勉強を見たり、一緒にくつろいだり

21:30 娘の塾のお迎え
娘たちとお風呂に入る

22:00 娘たちの勉強
付き添い

23:30 就寝

Afternoon

23歳だった私は、焦っていた

幼少期の夢は歌手。歌うことが好きで、いつでも、どんなところでも歌っていました。小4の時、合唱部に入り、自分の才能を認めてくれる先生と出会いました。そうしてますます歌を歌うことが日々の原動力になっていたのも束の間、中学受験へ突入しました。

高校に入ってからも、歌手になりたい気持ちもありましたが、自分の声を使える仕事は何かを考え、アナウンサーを目指すようになりました。当時「若さが大事」「大学はとにかく関東へ」と考えていた私は、現役合格した千葉大学園芸学部に入学しました。それなりに大学生活を楽しみつつ、東京アナウンス学院に入り、ダブルスクール生活を開始しました。

しかし、アナウンス学院で「この容姿ではアナウンサーは不可能」という現実を突きつけられ、あっさりと進路変更。ただ単に、自分の声を使いたかっただけの私はなんとも浅はかでした。その後は、国家資格を取得できる医療関係の職業をめざして、大学を受け直す決意をしました。

大学卒業後、実家の名古屋に戻り、浪人生活を開始しました。まずは、医学部やら獣医学部やら編入試験を受けまくり、そして落ちまくりました。当時のセンター試験の成績も8割にも満たない得点で、もはや崖っぷち受験生でした。

ところが、そんな私でも運よくセンター試験出願ができた名城大学薬学部に合格したのをきっかけに、なぜか強気に国公立大学出願をしました。そして、小論文と面接試験で、奇跡的に大阪府立大学獣医学科の合格を勝ち取りました。

一方、入学当時23歳だった私は、すでに焦っていました。卒業する年齢は29歳。国家資格も取りたいし、結婚もしたいし、子どもも欲しいと思っていたからです。

かといって、私の「獣医師像」はまだ、漠然としていました。どうしようかと思っていたところ、物心つく前から象が大好きだったことを思い出しました。

そこで、イギリス人が経営するケニアのシェルドリック象の孤児院に、すぐにコンタクトを取りました。けれども、返ってきた答えは「現地のケニア人を雇用したいから、日本人は雇えない」でした。

次に、千葉県にある市原ぞうの国へ問い合わせました。獣医師は募集しているか聞いたところ「象はほとんど病気をしないので、就職しても園内の販売スタッフになる」という答えでした。現実は甘くはないですね。

だけど、やっぱり象が好き。一度思い出してしまった気持ちは、高まるばかりです。そんな私にもチャンスが巡ってきました。あるとき、大学構内にケニア野生動物研修旅行のポスターが貼られていました。そして、実際に参加してみたのです。現地では、ケニアの野生動物に触れ、アフリカの象の実態について学び、レンジャーという仕事についても知ることができました。

帰国後は、研修旅行中に出会ったケニア人のお友達と文通も始めました。英会話の勉強を頑張りはじめ、コートジボワール人の、今の主人に出会うきっかけにもなりました。そんなことをしていた大学1年生のときは、以前の大学の単位を互換していたので、あまり大学に行く機会もありませんでした。

けれども、思ったことをすぐ行動にうつすタイプの私は、臨床の研究室の教授とお話しをする機会がよくあり、学校へはあまり行っていないのにも関わらず、親しくなっていました。そのつながりで、1年生から動物病院へ実習に行くことができました。夏休みには40日間、北海道の牧場で、牛の乳搾りの住み込みバイトをして過ごしました。同時に、先述の教授の薦めで、釧路共済で牛などの大動物を診る往診獣医師の実習を4日間体験しました。牛の第四胃の手術を間近で見る、貴重な経験も積むことができました。

しかし、このような経験の中で、気づいたことがありました。私は、女性の中でも、それなりに身長や体力もあるほうですが、大動物や野生動物の獣医師になるのは、身体的にも、体力的にも、現実として厳しいということです。大学4年生になると、自分の進むべき道について考えるようになりました。臨床を選ぶか、手堅く都道府県の職員などの公務員か、製薬会社に入るか……悩みました。

また、当時お付き合いしていた現在の主人自身は、故郷のコートジボワール共和国の大学を中退し、日本へ国費留学した後に日本の会社で働いていました。そのため、彼は「もう一度大学に入りたい」と、名古屋の大学へ行くことを決めていました。

主人の名古屋行きが決まったこともあり、私の進むべき道も自ずと見えてきました。名古屋市の公務員という線は年齢的にアウト。大動物は難しい。でもやっぱり動物にふれていたい。ならば、小動物臨床です。

小動物臨床の中でも、歯科学にはもともと興味があったので、日本小動物歯科研究会に所属し、認定医の資格取得をめざしました。大学4年生になると、研究室に入りました。研究室では、与えられるテーマではなく、自分がやりたいテーマを教授に提案しました。獣医歯科学に関連する歯周病菌についての研究をし、卒業論文では、大学から優秀賞をいただきました。この経験は、小動物臨床に携わるうえで大きな自信につながったと思います。

そして、卒業後は臨床獣医師として、愛知県内の動物病院で働きはじめました。

興奮と期待を胸にハンコを押した

臨床獣医師として働き始めて7年目ごろでしょうか。それまでは、パート獣医師に抵抗があり、正社員にこだわり続けていました。1人目の子どものときは、臨月ギリギリまで働き、産後4カ月で復帰。2人目も臨月ギリギリまで働き、産後5カ月で復帰しました。3人目も、臨月ギリギリまで働きましたが、さすがに年齢も38歳だったこともあり、産後8カ月間の育児休暇を取得し、復帰しました。自分自身のキャリアが、出産や育児で途切れてしまうこと、自分の居場所がなくなってしまうことが怖かったのです。

育児休暇の間もじっとしていられなかった私は、育休中にメディカルアロマセラピストの資格を取得したり、動物臨床栄養学の研修を受講するため、東京へ赤ちゃんを抱っこしながら行ったりしました。

職場復帰後、仕事、勉強、子育ての両立は非常に大変なものでした。獣医師として働く時間帯は多くの場合、平日は8時から20時です。土日祝日も関係なく、出勤は当たり前の業界です。子育てをするには、どうしてもギャップがありました。それに、欲張りな私は、子育ても思う存分にしたかったのです。臨床獣医師をやめて、時間帯がしっかりと定められているどうぶつ保険会社への就職も考えたこともありました。

最終的に、自分の条件（給料・就業形態・勤務時間など）をすべて受け入れてもらえる動物病院へ転職を果たしました。仕事と子育てとを両立できる環境で、継続して勉強し、その病院での新たな試みとして鍼灸治療も取り入れました。

本当は、同時に漢方も取り入れたかったのですが、勤務先では漢方会社の規定により取り扱うことができませんでした。

残念に思っていたとき、鍼灸セミナーでご指導いただいた先生がひと言。「あなたが開業すればいいじゃない」と。まったく開業する気のなかった私が「開業」を考えはじめた瞬間でした。

それからは「漢方治療も含む中医学と、西洋医学を結合させた『中西結合治療』の診察をしたい」という気持ちが日に日に増していきました。そして、以前勤めていた動物病院で診ていたペットの飼い主様から「往診してほしい」という要望もあり、開業＋パート獣医師という働き方を考えはじめていました。

でも、なかなか決断はできませんでした。その当時、3人目が生まれ、職場復帰したばかりで、朝7時開園と同時に0歳児の娘を保育園に預け、勤務先へは高速を使って車で通勤し、閉園と同時に娘を迎えに行くという毎日を送っていました。現実的に、身体的に厳しくなってきた時期でした。次の年には、長女が小学校に上がるというタイミングでもありました。

正社員でなくなるということは、固定収入が入らなくなりますから、共働きとはいえ死活問題です。ただ、正社員を続けるということは、小学1年生になった娘を学童に入れなければなりません。学童に通う費用は1カ月で約2万5千円。自分の仕事のために2万5千円支払って、学童に通わせる？　私にはどうしてももったいないと思えてならなかったのです。学童に通わせるくらいなら、そのお金を子どものために、習い事などいろいろなことに挑戦するお金に使ってあげたいと考えました。

こうしてようやく、パート獣医師に切り替える決心がつきました。子どもの成長を自分自身の目で見て、しっかりサポートしたかったのです。

パート獣医師になる決断とともに私の開業は始まり、開業届も出しました。漢方会社と契約の日、3女を抱っこ紐に抱きながら、合間合間に授乳をし、ガストで契約書を書きました。汗をかきながら、念願の漢方を使えることに、興奮と期待で胸をいっぱいにして、ハンコを押したことを今でも思い出します。漢方会社と契約した約半年後、往診専門の動物病院として開業をしました。

最大の目的から生まれた最高の診療スタイル

私は現在、スタジオ併設型動物病院を運営しています。けれども、この「スタジオ併設型」はつくろうと思ってつくったものではありません。すべては、子育てを通じてできあがりました。

長女は、コートジボワール人の夫の血を引くためか、想像を絶する身体能力を持ち、私は常に驚かされっぱなしでした。負けん気が強く、挑戦することが大好きな子でした。年長のときに見たテレビ番組がきっかけでポールダンスを習い始め、9カ月後にはアマチュアの大会で優勝。その翌年には、全日本ポールスポーツ選手権の「プレノービス部門」で銀メダルをとりました。その様子を間近で見ている私は、あたふたしていました。娘の才能を、私の仕事の忙しさでつぶしてしまってはならない、そんな気持ちだったのです。「もっと練習して、来年は金メダルを取る」という娘をサポートしてあげなくては。そのため、娘がいつでも練習できる、練習用のスタジオが必要だと考えるようになりました。

そのときはまだ、私の動物病院も実店舗を持たない往診専門でした。そこで、娘の練習場所と併せて、診療もできる場所を借りてしまうおうと思いつきました。これが、スタジオ併設型動物病院の原型です。最大の目的は娘のためだったのです。

店舗の条件としては、高い天井と広いスペース。ポールダンス用のポールのアンカーが天井に打ち込めること。そして、動物診療ができること。動物同伴セミナーができること。さらに、ヨガ教室、英語教室ができること……も加えました。盛りだくさんの要望がすべてＯＫなところは、なかなか見つかりませんでした。決まりそうになっても、契約直前でオーナーに断られることもありました。

そのようななか、すべてに了承が得られたのは、急な階段の先にある、２階のテナントでした。天井高は２６０センチと、ポールの高さは少し低めになるけれど、22坪ほどあるため、広々していてダンスをするには十分でした。うれしさのあまり、不動産の仲介の方と手を合わせて喜びました。借りる店舗が決まり、銀行から融資を受ける準備、スタジオをどう動かすかなどを考えながら、育児、仕事を続ける目まぐるしい日々が始まりました。

せっかくのスタジオ、娘が練習していない間はどう使おう、動物病院と絡めた事業ができないかなど、考えを張り巡らしました。そうして私は、ドッグヨガインストラクターの資格を取得しました。さらに、娘たちの「ハンモックヨガをしてみたい」という希望で、器具を設置するのであれば、とハンモックヨガインストラクターの資格も取得して……というように、結果的に自分自身の世界もどんどん広がっていきました。

無事、融資を得られることになり、店舗の契約も済み、内装の準備が始まりました。ポールが4本設置され、ハンモックヨガのアンカーも8カ所にとりつけられました。「さぁ、内覧会へ」と準備を着々と進めていたところ、暗雲が立ち込めました。

動物病院、ポール・ハンモックヨガのアンカー設置、英語教室、動物同伴セミナーなどすべてOKということで契約を結んだはずなのに、内覧会前日に店舗の管理会社の方から「オーナーから『アンカーは聞いていない、すべてを取り外せ』と連絡が入った」と言われたのです。

〝恐怖〟そのときの心境は、この一言に尽きました。私は、この店舗から出て行かなければならないのだろうか？ 開院早々、弁護士の先生にお世話になりました。それでも立ち止まることはできません。その店舗で診察を開始して、娘のポールの練習もスタートしました。始まりがこのような形だったため、いつもビクビクして、オープンのチラシを作る意欲も、往診専門病院開院時につくった名刺を新しくする意欲もなく……。SNSとホームページの発信のみで進めていきました。

店舗オーナーとは弁護士を通して揉めながらも、娘のポールダンスの練習は、コーチをつけてしっかり指導していただき、練習スタジオは機能しました。そして、翌年の全日本ポールスポーツ選手権で、娘は見事金メダルを勝ち取ることができました。

そして、動物病院はというと、練習スタジオに付随する形でスタートしましたが、ズボラな私の診察場所は、小さなスペースから次第にスタジオ内に移行していきました。

これは意外にも、よい結果をもたらしました。広々としたスタジオ内で、犬や猫が自由に動き回る姿を見ることができるようになったのです。小さな診察室での診察とは異なり、動物の自然な動きがわかるうえに、診察台がないため、動物たちも緊張しません。スタジオ併設型動物病院は、動物たちがリラックスした状態で診察できるという大きなメリットがあったのです。連れてきた犬や猫のそうした様子は、飼い主様にとっても、安心感につながったのではと思います。

飼い主様が「中西結合治療」でよくなった子をSNSに上げてくださったり、他の方がその投稿を見て来院したりと、徐々に口コミが広がり、スタジオ併設型動物病院も次第に忙しくなりました。開院当初は店舗オーナーに対しビクビクしていたのですが、売り上げが伸びていくのと並行して「裁判なってもいい」と開き直るようになった自分もいました。

一方、世間は、コロナ禍になり、いろいろな店舗が空き始めました。娘のためにとつくったスタジオは2階。あるとき、動物病院向きではない、大型犬向きではないと改めて感じました。そのようななか、路面の店舗が空き、移転へと動きだしました。スタジオ併設型動物病院としての、新たな幕開けでした。

子育ての中に、仕事を入れ込む

結果だけを見ると、何もかもがうまくいっているように見えるかもしれません。しかし、ここには書ききれない苦労のほうがたくさんあります。何度も落ち込んだし、泣いたし、その数はとても数え切れません。

ただ、一つだけ私から伝えられることがあるとしたら「先につながることを常に考えることが大切」だと思います。現時点で、今行っていることが確実に先につながるのか、までは明確にわからなくてもいいと思います。

例えば、娘のためにつくったスタジオ。ここから獣医師としての自分は何ができるのか。考えるときに、未来につながるような、自分が挑戦したいこと、興味があることに、真っ先に思いを巡らしました。

もともと、ヨガには興味がありました。そして、調べていくうちにドッグヨガという存在を知りました。ドッグヨガインストラクターになれば、スタジオでクラスを開くことができます。さらに、娘たちがやりたいといっていたハンモックヨガ。これも遊びで設置するのではなく「自分がインストラクターになってしまえば、将来につながるのでは？」という発想を持ちました。

ちなみに、スタジオは娘のためにつくったものの、彼女は新たな目標が見つかり、ポールダンスはやめてしまっています。けれども、あのときスタジオをつくっていなければ、現在の独自の診察スタイルは確立されていないと思います。

結婚をして、子どもを育てて、仕事もして、毎日すごく忙しいです。女性が社会に進出することは、とても素晴らしいことだと考えています。自分も少しは社会に貢献できているかなと思うと同時に、娘たちは、母親である私を欲していることを強く感じます。

母親が少しサポートするだけで、子どもの可能性はとてつもなく広がるように思います。ならば、サポートをしてあげたい。せっかく子どもを産んだのに、仕事を理由に支えてあげられないのは悲しいことだと思うのです。

でも、サポートするにはお金も必要です。そのためには、仕事だって欠かせません。だからこそ、スタジオ併設型動物病院のように、子育ての中に自分の仕事が入りこんでもいいのかなと思います。子育てと仕事を分けて考えるのではなく、どちらかだけに比重を置いたり、選んだりするのでもない。子育ての中に、仕事を入れ込むのです。子どもとの時間の中に、自分の仕事のヒントになりうるものもあるかもしれないのですから。

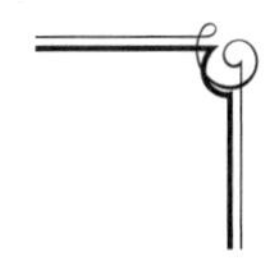

Message

あなたへのメッセージ

仕事や家庭を
完璧に切り分ける必要はなく、
子育ての中に
仕事を入れてもいい。
柔軟に、しなやかに生きよう。

クアク美智子さんへの
お問合わせはコチラ

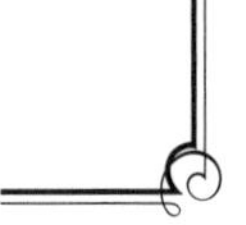

スパークルチーム合同会社 代表
人材開発コンサルティング

楠麻衣香

新規事業立ち上げ、子会社社長のオファーと出世コースを歩むも、独立敏腕プロデューサーが求めた「自由」とは

Profile

2003年中央大学総合政策学部卒業後、一部上場コンサルティング会社を１年で離脱。ベンチャー企業、カナダ留学を経て、人材開発コンサルティング会社に入社。営業として企業の人材開発支援ののち、採用・マーケティング・新規事業立ち上げを歴任。ゆとり世代育成の専門家として「めざましテレビ」に紹介される。2019年独立、スパークルチーム合同会社設立、ストレングスプロデューサーとして、人と組織の強み開発を支援している。

1日の
スケジュール

Morning

6:30　起床

7:20　子どもを小学校へ送り出

8:15　ジムで暗闇バイクをこぐ

9:30　自宅またはアジトで仕事

18:40　娘の塾お迎え

19:00　夕食

20:00　娘のチアダンストレーニングサポート

21:00　お風呂

22:00　娘就寝

22:30　事務作業

24:00　就寝

Afternoon

もっとも自信を失くしたときが、スタートラインだった

社員4人の人材開発コンサルティング会社に入社したのは、28歳のとき。営業として、おもに大手企業の人事部に対し、新入社員研修や昇格者研修などの企業研修の提案をしていました。その会社では実力のあるフリーランスの研修講師を発掘し、彼ら独自の研修プログラムを企画して世の中に発信する「講師プロデュース」というスタイルをとっていました。私は、この仕事が大好きでした。多くの人の人生に彩を添えられている感覚があり、自分の能力を活かしながら会社づくりにも貢献できる、まさに天職でした。

転機が訪れたのは33歳のとき。出産を機に時短勤務で復職したのですが、営業は難しいということで、以前から興味のあった、マーケティング部の立ち上げを任されました。

しかし、小さなベンチャー企業で、出産・復職する社員は私が初めて。当時は制度も整っておらず、「稼ぐ営業職から、稼がないスタッフ職への異動」として、三分の一ほど減俸となってしまいました。また、マーケティングに精通している人が社内にはいない中で、あらゆることを一人でやらねばなりません。営業のように、すぐに数字で結果が出る仕事でもなく、以前のように評価されることのない日々が続きました。

これまで、社内でも中心的に活動してきた立場から、翌朝出社すると前日の夜の会議（や飲み会）で、自分の知らないうちにいろいろなことが決まっている、という立場に変わってしまいました。徐々に疎外感を感じるようになり「これまで頑張って会社をつくってきたのに！」という自負と、人として認められない孤独感でいっぱいになりました。不満は募る一方で、「私がこの会社にいる意味って何なんだろう」とどんどん自信を失っていく、まさに「マミートラック」にはまっていったのです。

それから約2年、悶々としながらも、チームメンバーを付けてもらい、徐々に仕事が形になりつつあったころに「ストレングスファインダー®（現在クリフトンストレングスに改名）」という自己診断テストに出合いました。ストレングスファインダーとは、米国Gallup社が開発した人の強みがわかるテストで、177問の設問に答えることで、その人の持つ「資質（強みの源泉）」が何か導き出せます。

私の上位5つの資質は「戦略性・コミュニケーション・個別化・活発性・着想」。一言で言うと、「誰も思いつかないようなアイデアを思いつき、周りを巻き込みながら、風穴をあける」「一人ひとりの個性を見抜いて活かす」「言葉で人を魅了する」そんな強みでした。

この結果・解説を聞いたとき、私の中に強い衝撃が走りました。今までの職業人生で体験してきた、あらゆることの理由がわかった気がしたのです。なぜ、講師プロデュースという仕事が天職と感じたのか、なぜ、マーケティングに興味を持ったのか、企画提案書やメルマガをつくるとき、なぜ、そこまで一言一句にこだわるのか。そして、過去に上司から指摘された欠点の理由までがわかって、えも言えぬ感覚に包まれました。

今思えば、それは人としての大きな存在理由を見つけたような感覚で、ずっと誰からも肯定されていなかったことを「あなたの中にはたくさんの宝物があるんだよ」と承認された瞬間でした。これまで抱いていた悶々とした感情、会社の評価に対する不満、将来への不安などが一気に軽くなったような気がしたのです。

そして、2年間ずっと抱えてきた悶々とした感情の正体は、会社の制度や人事評価や給与という外的なものへの不満や憤りではなく、「一人のビジネスパーソンとして、何かやり遂げたい」という強い想いだったということに気づきました。

それからは、止まっていた歯車が大きく回り始めます。自分が本当にやりたいことは何なのか。心から人に伝えたいことは一体何なのか……。考え抜いた末、以前から興味があった「新人・若手社員の育成」について何か形にしたい、という想いに至りました。これまでの経験を活かし、何か一つ集大成となるようなものをつくりたいと思ったのです。

２０１５年11月、34歳のとき。「今後のキャリアについて相談したい」と社長に話すと、神楽坂のおしゃれな和食屋へ連れ出してくれました。私は、並んで座ったカウンターで「もし、私に子会社をつくらせてもらえるなら、この会社で頑張り続けたい。無理なら、会社を辞めようと思います」と直談判しました。当時、会社は組織拡大フェーズの最中でした。社員がやりたいことを、どんどん子会社化しようという方針を打ち出していたので、自分の想いを形にすることで事業拡大につなげたいと考えたのです。

社長は、これまでくすぶっていた私のことをすべてわかっていたように、すっと手を出し「よろしく頼むよ」と握手をしてくれました。社長に直談判したのは、初めてでした。

私自身、氷河期ど真ん中に社会人になったこともあり、新卒からのキャリアは決して順風満帆ではありませんでした。成果の出ない中で転職したり、辛酸をなめたこともありましたが、今思えば、自分の人生をあきらめたり、投げ出すことはなかったように思います。

どんなに理不尽で、思うようにいかない環境であったとしても「神様は解けない問題は与えない」という言葉をどなたかにもらってからは、「きっと、これも自分の人生にとって意味があるはずだ」と思うようになりました。中途半端な自分でいたくない、きっと、何か打開策があるはず。そして自分が本当は何を大事にしたいのか、徹底的に向き合う。そんな地道な習慣と、自分を信じる力によって、少しずつ道が拓けていったように思います。

自分の城を持ちたい！　本当の根源欲求

２０１６年、マーケティング業務と並行して、新規事業の立ち上げが始まりました。「自分の新たなキャリアに向けて、これで前に進める！」と思いきや……。新しいサービスをつくり出すのは本当に生みの苦しみで、徹夜もしばしばでした。プライベートでは、モラハラの夫から逃げるように娘を連れて実家に戻り、慣れない環境で娘も私も不安定になるなど、とにかく壁の連続でした。

圧倒的実力不足と、思うようにいかない環境でも、私が唯一、続けていたことは自己投資でした。海外でも著名な講師トレーニングや起業塾など、この1年だけで、金額にして百万円以上の講座を受けました。自分の人生を変えるきっかけとなったストレングスファインダー®のコーチの資格も、1年半かけてようやく取得にこぎつけました。この時期に得た知識・資格・そして仲間は、一生の財産として今も継続して拡大しています。

走り始めて2年半、メンバーも5人になり、事業目標も2年連続で達成して、ついに法人化一歩手前というところまで来たときでした。社長の方針と大きくぶつかったり、新会社の役員候補のメンバーとの関係に問題が起きたりと、いざ、法人化しようとするたびに、なぜか障害が立ちはだかりました。

そんなときに、私よりも先にグループ内で子会社を立ち上げていた先輩で、心のよりどころでもあるMさんからランチに誘われました。

すると、Mさんは突然、私に向かって「ねぇ、本当に子会社をつくりたいの？」と尋ねるのです。私は少しどぎまぎしながら、とっさに答えていました。

「……今、うちの会社でこの事業は必要だし、私しかそれをできる人はいないから」

自分で答えながら、すごく違和感のある言葉でした。やりたいか？　やりたくないのか？シンプルな質問なのに、答えを出すことに躊躇していました。自ら事業をやりたいと手を挙げて社長に直談判までし、これだけ人とお金を使って走ってきた今、「やりたくない」という言葉は絶対に口にしてはいけない言葉でした。しかし、「やりたい」という言葉が出てこない自分にも戸惑っていたのです。

――「本当に子会社をつくりたいの？」この問いは、数日間私の中にこだまし続けていました。なぜ、若手育成を生業にしたいと思ったのか。なぜ、一部署ではなく子会社を立ち上げたいと言ったのか。なぜ、起業塾にまで通おうと考えたのか。

日々、自分の内側に向き合う中で、湧き上がってきたのは「自由になりたい」という言葉でした。自分でも、その言葉にびっくりしました。「社長から認められたうえで、籠から出て自由になりたい」これが、私の心の底から湧いてきた欲求でした。

実は、1社目の会社を辞めて社長に拾ってもらった後、社長と思い切り衝突した1年がありました。社会人として非常に未熟だった私の態度が原因でしたが、その後、成果を挙げてからは、社長とは非常によいパートナーシップを築けるまで関係は改善していました。けれども、衝突した1年以来、私は社長のことを師として仰ぎながらも、彼にどこか恐れを抱いていて、自分の意思を正面からぶつけたことはありませんでした。「若手育成の専門家になれ」というのも、実は社長からずっと言われていたことでした。子会社をつくりたかったのは、自由になれる環境が欲しかったから、経営塾に通ったのは、経営者という大きな力を持つ社長とのやり取りで負けたくなかったから、ということに気づいたのです。これまでずっと目を伏せてきた、闇のような感情に向き合わざるを得なくなりました。

しかし、よく考えれば、子会社は親会社の意思決定に背くことはできないものですし、ちょこっと起業塾に通ったところで、数十年会社を切り盛りしてきた社長に勝てるはずもない。結局、社長という存在に対して依存している自分が嫌で、その依存構造から脱したくてずっとあがいていたのです。リスクもあるけど、自分の思うような挑戦を自由にしてみたい、そんな気持ちが明確に言葉となって湧き上がったと同時に、答えが出ました。

「まいかさん、本当に子会社やりたい？」

そう聞いてほしくて、後日、新宿ルミネのカフェに、Mさんをお呼びしてしまいました。私はMさんとパフェを前に即答していました。

「Mさん、わたし、子会社やりたくないです」

「うん」

Mさんはずっと私の様子を見てくださっていて、わかっていました。私が本当にやりたいことは、ここにはないこと、それを一生懸命推し進めようとしても、いつまでも壁しか現れないこと。

「どうする？　社長に言うの、さすがに一人ではきついでしょう。私も同席しようか」

そんな優しい言葉に涙が出そうでした。自分から「事業をやりたい」と大手を振って申し出てから3年。「やっぱり辞めます」なんて。茶番劇でしかなく、社長に対峙する瞬間を想像しただけで震えました。

数日後、Mさんに見守られながら、新宿御苑のそば居酒屋で、社長に子会社の社長になることは降りたい旨を伝えました。社長の反応が非常に怖かったのですが、彼は驚きながらも私の意向を受け入れてくださり、後任に事業を引き継ぐ形で私はお役御免となることが決まりました。

やりたいことが見つかると、向かうべき方向が明確になり、とてつもないエネルギーで前に進むことができます。しかし、当時の私の「やりたいこと」は、何かへの抵抗。もしくは、周囲からの「○○すべき」という見えない期待やプレッシャーによって生み出された「○○したほうがよいこと＝私のしたいこと」にすり替わってしまっていたのです。

迷ったときに、自分の身を助けてくれたのは、自己投資、メンターの存在、周囲への感謝でした。自己投資はしすぎて困ることはありません。私はよく「『月収の5～10％』は自己投資に回すべき」とお話ししています。その際、会社の経費を頼りすぎないこと。自腹を切って学んだことほど、自分の身になることはありません。

メンターは一人いるだけで、いざ自分が迷ったときにすごく力をいただけます。いろいろな勉強会やコミュニティに行くことで、人脈を広げておくことも大事だと思います。「この方にメンターになってほしい！」と思ったら、勇気を出して、ぜひお願いをしてみましょう。

そして周囲への感謝。子会社の立ち上げを辞めると決めたとき、真っ先に顔が浮かんだのは、それまで私を信じてサポートしてくれたメンバーでした。わがままで、組織をひっかきまわしてしまった自責の念に駆られながらも、このまま自分に嘘をついて会社をつくることはできなかった。当時の私は、自分なりに謝罪をしたつもりですが「いつかは恩返しをしたい」と、今でも頭の片隅にあるのが、当時のメンバーの存在です。

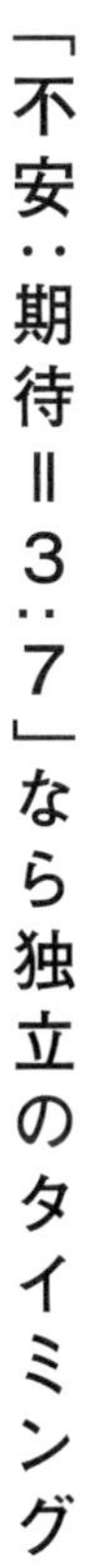

「不安：期待＝3：7」なら独立のタイミング

10年務めた会社で、子会社の立ち上げを辞めると決めた私に残された道は、社内でゼロから営業をするか、会社を辞めるかの二つでした。独立するとはいっても、クライアントがいるわけでもなく、稼いでいける自信なんてありません。じゃあ、もう一度営業から始めるか、と思っても10年かけて自分ができることはすべてやり切った感覚もありました。

さて、次はどうしよう……。そんなとき、かつての学びの仲間が「一緒に仕事をしよう」と声をかけてくれたのです。いろいろと話した末に、業務委託として一緒にお仕事をする道を提示してくれました。

とはいえ、このお仕事がいつまで続くかわかりません。会社を辞めることに踏ん切りがつかず、独立している先輩講師のWさんに相談すると、こんな質問をされました。「『不安』と『いける！』という感覚、何対何くらい？」と。

そこで私は「うーん……。不安が3、いけるが7、もしくは2対8くらいでしょうか……」と答えると、Wさんは「うん、なら独立しどきだね」と。彼曰く、「独立なんて『100％自信をもって大丈夫！』と言える日は来ない。かといって自信がまったくないのも難しい。今くらいが独立には丁度良いタイミングだと思うよ」とのこと。私はその言葉に背中を押され、ついに会社を辞める決心をしました。

２０１９年2月38歳のとき、10年務めた会社を卒業することになりました。お金も、オフィスも何にもない状態でしたが、これまで望んでいた「自由」を手にし、好きなことばかり実験できる環境が本当に幸せでした。最初は、できる仕事はすべて受けました。

その後、事業も軌道に乗り始め、そろそろ法人化しようとした矢先のことでした。新型コロナウイルスの影響を受け、２０２０年3月から5月は仕事がほとんどなくなってしまったのです。各社新入社員を迎える直前でしたが、受け入れ方法がわからず大混乱の中、新人研修の発注はほぼすべての会社が見送ったのでした。稼ぎどきであるはずのこの時期に、収入がゼロになるのは本当につらかったですが「嘆いていても仕方がない」と、オンラインで見られるような、動画コンテンツの作成に挑戦しました。

3年経った現在となっては、研修やセミナーのほとんどはオンラインになりましたが、世界中が手探りだったときに、いち早く手を付けられたことで、早い段階でサービスインすることができたと思います。これまでの経験上、市場の変化が起きるときは、先行者利益が一番大きいです。従来の「当たり前」が変わるときは、恐れずに、まずは小さくスタートしてみるのがおすすめです。大丈夫、最初は誰でも不慣れですよ。

強みの公式「才能×投資行動＝強み」

独立したいなんて、一度も考えたこともなかったし、自信もなかった私にとって、独立とは「自分で人生の選択をした象徴」のように思います。なぜ、自分の人生を決断できたのか。それは、自分の強みを認められたからです。

私はストレングスファインダーというツールを使って強みを認識しましたが、ツールが無くても、このような観点で自分を見てみると、強みが隠れています。

・気づくと、あっという間に時間が経っているほど、熱中していること
・「そんなことできるの？」と周りが驚くようなこと、でも自分にとっては「普通」のこと
・無意識のうちに、いつも行っていることや、言っていたりする口癖

私の場合、誰も答えを見つけられないような、難しい問題を考えている時間がとても好きです。そして、誰も思いつかないような、ハッとするアイディアが生まれたときは、何よりもやりがいを感じます。私の「おもしろがり」な性質は、ある種の才能なのでしょう。

でも、才能だけでは強みにはなりません。経験を積む、助けを借りる、自己投資するといったように、磨かなければいけないのです。たとえ「おもしろがり才能」でいろいろ企

画を仕掛けたとしても、周りの気持ちとかけ離れた独善的な企画では、物事は動きません。人の気持ちを理解するためのEQトレーニングをしていたり、よい企画を立てるために必要な構造化する力を養ったりと、常に自己投資は怠らないようにしています。

強みを活かせる人は、二つの力を持っているように思います。

①自分の強みを「ギフト」としてちゃんと受け取ることができる

周りから「ここがあなたの強みだよ」と言われて、読者のあなたは何と答えるでしょうか？　受け取り下手な人は、「そんなことない」とせっかくの自分の強みを、受け入れられません。恥ずかしくても、まずは「ありがとう」と、受け止めてみましょう。

②自分を客観的かつ公正にフィードバックしてくれる人がいる

強みとは「鼻」のようなもので、自分では見えませんが、他人からはよく見えるものです。鏡のように自分を映し、時には、耳の痛いフィードバックをくれる人がいるとベストです。同僚でも上司でも、ご家族でもよいですし、コーチを付けるのも選択肢の一つです。

ご自分の中に眠る才能に気づき、強みを活かすことができると、ＱＯＬ（人生の質）が3倍上がるといわれています。これを読んでいるあなたにも、必ず強みがあります。ご自分の強みを見つけ出し、栄養を与えながら育てることで、誰から押し付けられたものではない、自分らしいキャリアを歩んでほしいと思います。

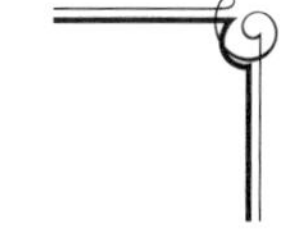

Message

あなたへのメッセージ

自分の強みを
認められた瞬間から、
道は開ける
そこからは、
前進あるのみ！

楠麻衣香さんへの
お問合わせはコチラ

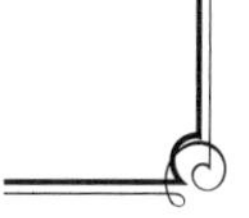

株式会社gratplus 代表取締役
美容サロン経営・フランチャイズ事業

楠本朋

「できない理由」を探すのをやめただけ自販機でジュースも買えなかったシングルマザーが、1年で年商7千万円の経営者に！

Profile

26歳で美容サロンを開業するも、4年で閉店させる。30歳で再起をかけて「特別な1日よりも、普通の毎日を美しく」というコンセプトでネイル・まつ毛エクステ・ホワイトニングサロンを開店。有料会員数は瞬く間に2万人を超え、4年で10店舗まで成長させる。現在「gratify が大きくなる時は仲間の誰かの夢が叶う時」という独立支援策を構築し、年収1千万円以上の人材を輩出。2021年、新ブランドを設立。1年半で現在5店舗を展開中。

1日の
スケジュール

Morning

8:00 起床

8:30 連絡対応

9:30 家事

11:00 打合せ・ミーティングなど

13:00 昼食

15:00 打合せ・作業など

18:30 会食または帰宅

24:30 就寝

Afternoon

私の世界が変わった日

あれはとても暑い夏の日。当時24歳だった私は、4歳の息子を連れて公園で遊んでいました。「喉が渇いた！」そう訴える息子に「ジュース買おうか」と答える私。

2人で自販機に向かい財布を開けると、入っていたお金は、2人の今日のお昼と夜の夕食のためのぎりぎりのお金、1000円だけだったのです。

「ごめんね……。ママね、ジュース買ってあげられないや」

私は20歳で結婚、出産、離婚。産後2カ月から、息子を1人で育てていました。当時は事務職に就いていましたが、日中、保育園に通う息子はとにかく体が弱く、すぐに発熱し、頻繁にお迎えを余儀なくされました。周囲にサポート体制がなかった私は、月の半数程度も働くことができず、日々のお金にはとても苦労していました。お金がないのは日常だったので、慣れていたつもりでしたが、なぜかあの日は無性につらくなったのです。

――情けない、もう嫌だ……。こんな状態で、どうやってこの子を幸せにできるのだろう。

少し放心していたのでしょう。息子に手を引かれたときに我に返り、彼の顔を見てすぐに思い直しました。

——自分に失望をしたり、不安がったりするなんて、絶対に今日で最後にしよう。

そんな親は、これからの可能性に溢れる彼の親に、まったくふさわしくないと思ったからです。それからは、どうしたら息子を幸せにできるのか、ということを毎日考えていました。でも、一向に答えが見つからず、まずは自分と母のことを想像してみることにしました。「母の子どもである私の幸せって何だろう」

出た答えは「母が幸せであることが、私の幸せ」という想いでした。単純で少しお恥ずかしい気もしますが、きっとこの子も同じように想ってくれるだろうなと思えたのです。こうして私は視点を変えて、息子ではなくまずは自分の幸せを考えることに決めたのです。

幸せとは、人それぞれ異なると思いますが、自分の過去を振り返り、私なりに見出したのは「充実」という感情でした。そして充実に紐づいたのは、「一生懸命」というテーマです。

——自分のために、一生懸命頑張れることを仕事にしよう！

この日からです。私の世界が変わったのは。ただ考えているだけなのに毎日がワクワクして、未来がキラキラと輝き始めたのです。世の中にはたくさんの仕事がありますが、今まで働いてきた中で一番つらかったことが、子どもの病気という理由で欠勤や早退を繰返し、会社や同僚に迷惑をかけてしまうことでした。その経験から「自分で経営をする」ということは、自然に出た選択肢です。もちろん私には、特別な技術や知識、人脈もありません。お金も先述の通り、まったくありません。ないものばかりの私でしたが、経営者になると決めた日からイメージはどんどん膨らみ続け、唯一自分が持っているモノに気づけたのです。それはたくさんの「感動」という体験でした。

――自分自身の感動体験の中から、商品を見つけよう。

そう考え、過去の体験を一つひとつ丁寧に掘り起こしていると、友達のすすめで初めてネイルサロンに行ったときのことを思い出しました。小学校のころから私の手は酷い霜焼けでパンパンに腫れていて、その手をずっとコンプレックスに感じていました。

でも、サロンで初めて甘皮ケアをしてもらった日、私の手は感動するくらいに見違えたのです。私はその日の帰り、その足で、今まで「視界に入れたくない」とさえ思うほどに避けていた指輪を買いに行きました。その体験が一番身近に感じたので、「自信や前向き」そんな言葉に繋がるようなサロンを開こう。そして、当時は比較的参入障壁が低かったということもあり、ネイルサロンを事業とすることに決めたのでした。

日常が不満足なものならば、満足するまで視点を変え続けてみてください。私のように意外と単純な角度で、未来は突然輝き始めることもあります。

月収8万円の私が、年商7千万円の経営者に

ネイルサロンを開こうと決めた私は、さっそく身近な人に自分の想いを語り始めました。「ネイリストでもないのに、何の知識もないのに、子どももいるのに？　そんなことが朋（私）にできるはずがない」私のことを心配してこう言ってくれたのでしょう。誰に話しても、返ってくる反応はまるで同じでした。

ですが、母だけは違ったのです。「やってみたら？　朋は今までほとんどお金がかからなかったから、これ貸してあげるよ」と、１００万円を手渡してくれたのです。

母はこれまで、私たちきょうだい４人を女手一つで育ててくれました。毎日、朝晩働き続ける母の姿を見てきたので、これがどれほど苦労をして貯めたお金かが、私にはわかっていました。

――ありがとう。絶対に無駄にしない、必ず返します。

そう心に誓い、私は開業へ動き出しました。

まずは、一緒に働いてくれるネイリストを見つけよう。そう考えた私は、当時、人気のあったコミュニティサイトｍｉｘｉの無料掲示板に自分の想いを書き綴り、私と働いてく

れるネイリストの募集を始めました。すると、驚いたことに、１００名ほどの方から面接をしてほしいとのメッセージが返ってきたのです。私はまだ物件も決まっていない段階でしたが、その方たち全員と会い、面談をしました。70名近くは会ったと思います。その中で出会った瞬間に「この人と一緒にお店がしたい！」と思える人がいました。彼女はとても謙虚で、人柄の温かさが雰囲気に滲み出ている、なのに自身の腕には揺るぎない自信を持っている、そんな印象の人でした。

ｍｉｘｉでつながった方との面談で、その他6名の技術者の採用を決めた私は、次に物件を探し始めました。出店場所は学生時代に働くことを憧れていた、大阪市の心斎橋エリアにある繁華街「アメリカ村」に決めていました。

当時25歳でまともに社会経験もない私は、あまりにも無知過ぎて……。開業資金１００万円で、しかも家賃の高い繁華街で、サロンの開業は難しいということを、不動産を巡って初めて知るのです。

――でも、どうしても、みんなと一緒に仕事がしたい……。

そんな葛藤する想いを当時、信頼していた知人に相談をしました。予想通り、その方も猛反対でした。

「そもそも、右にも左にも、どこを見渡してもネイルサロンが溢れている場所で、誰が朋のお店に来るの？　朋のお店にわざわざ行く理由がないやん。そんな無駄使いやめておけ」

私はハッとしました。その通り過ぎて、返す言葉が見つかりません。

そこから私は資金のことはいったん横に置き（置いている場合ではないのですが）、お客様が数多くあるサロンの中から、私のお店に来てくれる理由を考え始めたのです。そこで思いついたのが「お金も時間も上手に使っていつでも綺麗でいたい！　そんな願いを叶えるサロン」というコンセプトです。

仕事と子育てを両立していた私は、とにかく毎日、お金と時間に追われていました。子どもの幼少期時代は、道は常に小走り、ゆっくり歩いた記憶はあまりありません。

そんな自分だったらどんなお店に行きたいか？　そこで考え付いたのが、当時はまだ世に出回りはじめたばかりのまつ毛エクステを、ネイルと同時進行で、しかも無料提供するというサロンでした。

——ネイルをしながら、ネイルの時間とお金だけで、目元まで綺麗になるなんて、私にとっては最高のお店。それにキッズルームを設けて、世の中のママたちも自分の都合で来店できるサロンにしよう。私と同じように忙しい女性たちは必ず喜んでくれるはず！

コンセプトが決まると、さらに実現したい気持ちが強まりました。そして再び不動産へ足を運ぶと、担当の方が自社の社長に掛合ってくれ、自社ビルの1室を紙面に出ていた半額くらいの費用で貸してくれるというのです。今でも、あのときの喜びと感謝の気持ちは忘れられません。15年たった現在も、私は変わらずそのビルでサロンを営業しています。

物件が決まると、さっそく開店準備をスタートしました。お金がないので、もともとあった設備にはまったく手を入れず、家具は安いものをカードローンで買い揃え、２００９年4月8日にサロンを開業させました。開店月には私の想いを綴ったｍｉｘｉの無料掲示板を見てくださった方々が50名ほどご来店くださいました。

それはとてもありがたいことでしたが、お客様が50名では、スタッフ7名のお給料はとても払えません。他にサロンを周知する方法わからなかった私は、開店から7日ほどでようやくそのことに気づきました。そして、集まってくれた7名のスタッフに「この状況では約束したお給料が払えません。本日分までは支払うので、今日限りで解散させてください」と、お詫びをしながら伝えました。

するとスタッフは「お給料は、今はいらないです。一緒に頑張りましょう」と、私に無償で力を貸してくれると言うのです。出会って1カ月も経たない私に、なぜこんなによくしてくれるのか……私はうれしくて、トイレでずっと泣いていたのを覚えています。

「彼女たちに必ず恩返しがしたい！」と再熱しました。今思えば、私はこの瞬間から経営者になったのだと思います。その一心とスタッフたちの大きな支え、頑張りがあり、サロンは3カ月で起動に乗り始め、半年もすれば予約の取れない繁盛店となり、開店から1年後には、梅田に2店舗目の出店が叶いました。

月給8万円、幼い息子に110円のジュースを買ってあげられなかった私は、こうして、たった1年で、年商7千万の美容サロンのオーナーへと成長することができたのです。

できない理由も、あきらめていい理由も山ほどありました。だけども、あきらめなくていい理由だけを見ていました。

もしも私が、できる理由や、続ける理由に気づかずに、ただ自分がサロンを開業したい気持ちだけを前に走らせ、無理にでも開業していたらどうなっていたと思いますか？　私は考えただけでも恐ろしいです。走りながらでも、自分の考えや気持ちの本質を明確にすることで、実現のリアルさは増し、自信と化します。そして、自分の考えや気持ちを信じる力は、忍耐力となり、夢を実現させてくれるのではないでしょうか。また、自分のためには80％しか出せない能力も、人への想いがあれば無限の可能性になることを、私はこの経験から学ぶことができました。

また、失敗するかもしれない

事業も5年目にさしかかったころ、ネイルもまつ毛エクステも市場が急成長を遂げ、大手の低価格チェーンが続々と出店されていき、価格競争が激しくなっていました。私のサロンも売り上げは低迷し、経営は厳しい状態に。私は何とかこの状態を打破するために、新ブランドの立上げの準備を進めている最中のことでした。

突然、2店舗の幹部や店長、それにスタッフたちが、立て続けに退職の申し出をしてきたのです。それぞれの退職理由は一身上の都合で、内容はみんな違うものでした。スタッフたちはその理由を話しながら「退職することになり、申し訳ない」と、全員が私の前では泣いていました。2店舗の幹部や店長、スタッフが一気に辞めてしまうということは、サロンの営業は当然、不可能になります。

唯一の救いだったのは、新ブランドのための新店舗の契約がまだ未完了だったことと、新店舗のために採用を決めていた5名のスタッフが、入社を控えていたことです。そして、まだ退職の申し出をしてきていないスタッフが2名残っていました。私はダメもとで、その一人に声をかけてみたのです。「まりこちゃん、新しく店舗やり直すから、店長やってくれないかな?」返ってきた返事は「やります!」即答でした。

思いもよらないその返事に、自分の中だけで処理して、張りつめていた気持ちが一気に緩んでいくのがわかりました。言葉の代わりに涙が溢れ、とても救われた気持ちになったことを、今でもはっきり覚えています。

そうして、私はもともと個人で経営していた2店舗を閉店させ、2012年に法人設立とともに、新ブランドを立ち上げました。既存スタッフ2名、新採用スタッフ5名の7名とともにサロンを開店し、再スタートを切りました。サロンはオープンからすぐ繁盛店になり、ご予約は常に2カ月待ち状態でした。

経営者なら、この復活戦に両手を上げて喜ぶところでしょう。けれども、私の心は晴れることはなく、病み続ける一方だったのです。

4年間、当たり前にあったモノも、これから思い描いていたモノも突然消えたこと。守るものがある中で、借金だけが残り、お金の流れが突然止まったこと。自分の家族の生活や、社会的な責任を守れなくなるのではないかという不安。また失敗するかもしれないという恐怖。スタッフが離れたことで、自分のすべてが否定された気持ちになり、自分に絶望しているのに、誰にも相談できないまま、次の挑戦に踏み切っていること……。そして、この一連のスタッフの退職は、私にとっては家族同然だった2名の幹部が、自分たちの新居地にスタッフたちを連れて行くことが原因だとわかり、私はもう、本当は逃げ出したかったのです。

——どうしてこんなに傷付けられなければいけないのか。もう、誰のことも信用できない。借金を返すため、2年だけ耐えよう。店を手放し、早く一人になりたい……。

朝、目が覚めると無意識に涙が出て、夜眠る前にも、また涙がこぼれました。頭は円形脱毛症だらけになり、胃痙攣の激痛に耐える日々。誰かに話すと気力がつぶれてしまいそうで、誰にも相談できず、ただグッと耐える毎日。休みもなく働き続け、日中は「なぜ私がこんな目に？」という気持ちにさいなまれました。道を歩いているとき、楽しそうに笑っている人を見るだけで、嫉妬するくらい、心が荒んでいました。それを抑えるために「自分がすべて悪い」という言葉を呪文のようにとなえ、必死で自分に言い聞かせ続けていました。当時、私はまだ30歳でした。

一方で再起動したサロンのスタッフたちは、毎日休憩もろくにとれない忙しさの中で、本当によく頑張ってくれていました。新ブランドのコンセプトは「ハート」です。当時は低価格サロンが大ブームでしたので、競合サロンでは回転率を重視するあまり、サービスが業務的になりがちでした。そこで、当店では技術だけでなく、技術とハートでお客様にハピネスをお届けするネイルサロンにしようと決めました。このコンセプトの実現にはスタッフ育成がすべて。そう思った私は成功している美容室の経営者のブログや本を読みあさり、自分の今までの感情や考えや価値観は横に起き、無理やりにでもその方になりきったつもりで、真似る努力をしました。スタッフには常に情熱を持って接し、愛を語り続けました。心が荒んでいた私にとってこの方針は過酷なものでしたが、スタッフは懸命に私の言葉を受け入れようとしてくれました。そして店長のまりこちゃんは「私はこの会社で骨をうずめる」そんな言葉を発して、周囲に私への信頼度を示し、士気を高めてくれました。

こんな温かいスタッフたちと仕事をしていると、私自身にも「私はこの人たちのために何ができるのか?」という気持ちが芽生え、本気でスタッフのことを考えられるようになっていきました。

——この人たちにふさわしいリーダーになれるように、ちゃんと学ぼう。

私は経営者としての勉強をさらに続けていきました。そしてスタッフたちの大きな支えのおかげで、次第に精神的にも回復することができました。「私の窮地を救ってくれた彼女たちにお返しをしたい」そんな想いから、私は経営者を続けていくことを再決心。スタッフのために力をつけてできることを増やそうと、店舗展開にふみきり、また挑戦の道へと進み始めたのでした。

私の経験からお伝えしたいこと

今、私は周囲から「朋ちゃんは特別だったんだよ」と言われることがあります。ですが、実際は条件がよかったことなんて、一度もありませんでした。ないものばかりの環境で生きてきて、ないことが当たり前になり、無意識に求めること自体を諦めていたところもありました。

そんな経験をしていたからこそ、お伝えしたいことがあります。

できないことを正当化してきた人と、できる理由を探してきた人とでは、未来は変わってくるということ。そして、できる理由を見出すための視点は、一つではないということです。

何をするかよりも大切なのは「物事をどう捉え、どう考えるか」だと思います。自分の考えが幸せな選択に至らないと感じるときは、それはただの情報不足。学びにいけばいい。

私が変われたのは、経営者になったからではありません。「子どもがいるから仕方ない」「お金がないから仕方ない」など、「仕方がない」と諦めなかったからです。

ただできない理由だけに目を向けるのは、もう辞めにしませんか？

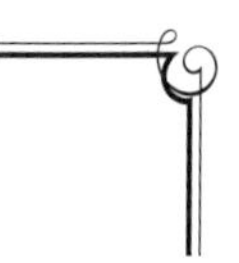

Message

あなたへのメッセージ

はじめから特別な人は、
実は少ない。
夢を掴むか、
掴めないかは、
あなたの考え方次第。

楠本朋さんへの
お問合わせはコチラ

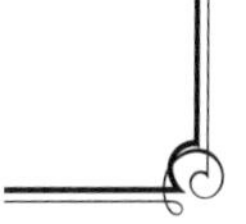

株式会社ダイアナ 代表取締役
エステサロン

黒田有美

地元島根県で
最新美容を
いち早く導入し、
大成功！
裏切り、
嫌がらせを乗り越えた
先に見えたもの

Profile

1977年、島根県生まれ。1996年、大手化粧品会社へ入社。結婚、出産、子育てをしながら、ネイリスト講座に参加。その後、ネイルスクールを経て、2015年に自宅サロン開業。同時に、幼少期からの悩みであったムダ毛を解消したいという思いから、脱毛サロンにて学び、2008年「エステティックサロンダイアナ」をオープン。3年後、「メンズ脱毛ダイアナ」をオープン。さらに「ダイアナ幸せ開業スクール」をスタートした。

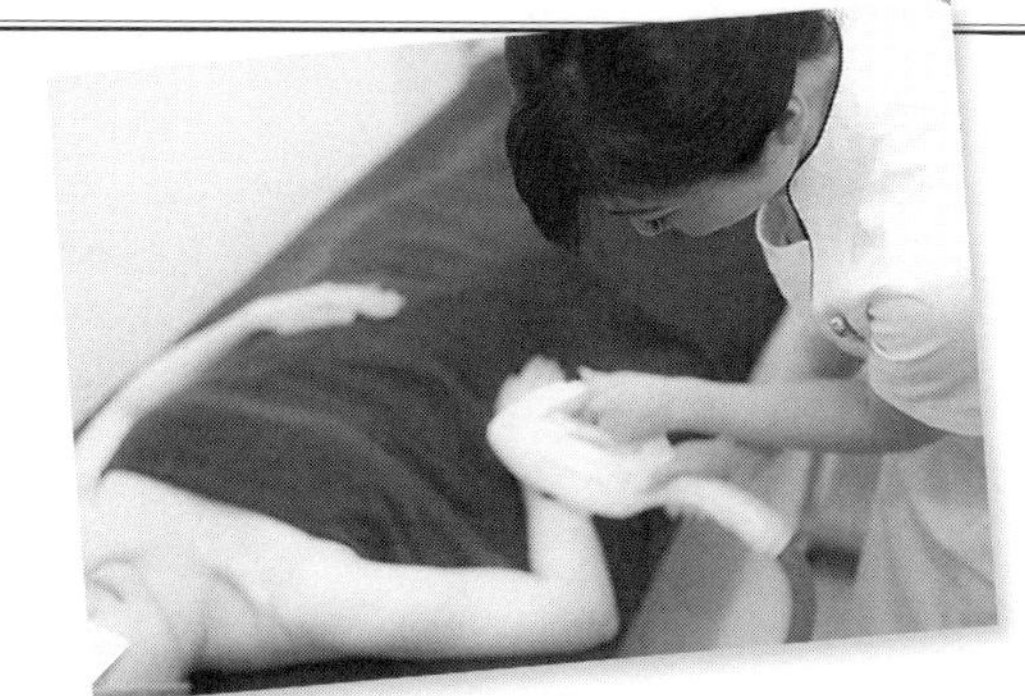

1日の
スケジュール

Morning

7:30 起床・ヒーリング

8:30 出かける準備・朝食・聞く読

9:00 出社

10:00 接客・施術・研修・スクール・打ち合せ

21:00 帰宅・夕食

22:00 事務作業・勉強

23:30 お風呂

24:00 ストレッチ・美容時間

25:00 就寝

Afternoon

キラキラした期待と、裏切りと……

社会人になってからは、大手化粧品メーカーで働き始めました。当時の私にはすべてが新鮮で、「大人の世界」がキラキラして見えていました。肌の構造を勉強したり、化粧品の取り扱い方を学んだりと、毎日が充実していました。特に印象に残っているお仕事は、これから社会人になる学生へ向けて、メイクレッスンをしたこと。たくさんの人の前で、一つひとつの行程を丁寧にお伝えしていくことで、人に伝える楽しさ、自分自身の成長を感じました。

そのときのオーナーには、挨拶やお礼の言葉の伝え方などをしっかり指導されたのを覚えています。当初、私は挨拶をする際、自信のなさや緊張、照れなどから、小さい声でうつむき加減で挨拶をしていました。けれども、オーナーから「そんな小さな声ではお客様に何も届かないよ」とご指導いただきました。この経験は、接客の基本である挨拶、声のトーンや明るさ、1秒で相手に好印象を与えられる作法など、私の接客の考え方の原点となりました。

少しずつ仕事を覚え、楽しくなっていったころに、当時お付き合いしていた彼との間に子どもができたことがわかりました。入籍し、そのまま家庭に入ることになりました。子育てをしながらも、「美容の仕事をまたできないかな」という思いはずっとありました。それからは、自分自身に何ができるのか、何がしたいのかをずっと考えるようになりました。

そうした日々を送っていると、あるとき、幼少期から、自分の爪の形や、爪を噛んでしまう癖、そして腕や足のムダ毛の多さなど、体のパーツにいくつかのコンプレックスを持っていたことを思い出しました。

そこで、まずは、子育てをしながら在宅で勉強することができるネイリスト講座に申込みました。その後は、子どもを保育園に預けながら、ネイルスクールにも通い、「ネイリスト技能検定」の3級、2級の取得を達成しました。

そのころ流行っていたのは、特殊な素材を用いて爪を形成したり、付け爪を付けたりするロングネイルでした。ただ、一度つけた爪をオフするときには、専用の溶剤で溶かして削るというように、爪に少なからず負担があるものでした。

そもそも自爪にコンプレックスを持っていた私にとっては、美しい指先が手に入る反面、自身の爪に負担をかけ、さらには爪を痛めてしまうという悪循環に違和感を感じていました。自分の爪を労わりながら、きれいに育てられる方法はないかと模索し始めました。

そのようなとき、ジェルネイルという新しいネイルが誕生したことを知りました。爪に優しい溶剤で、オフする際も爪への負担が最小限に抑えられるものでした。自爪を土台にしてジェルをコーティングし、ぷっくりとした質感を楽しむネイルのため、短い爪でもとても美しい仕上がりになります。自身の爪に優しく、きれいな手元になるジェルネイルに、私も夢中になりました。

そのころ、私は通っていたネイルスクールで、少しずつサロン業務に就かせていただけるようになっていました。先生や先輩ネイリストの技術や接客を間近で拝見し、日々学びを得ていました。

ところが、一部の店舗が閉店となってしまったのです。

「仕事を失ってしまうかもしれない……」と、不安に思っていた矢先、ラッキーなお話が舞い込んできました。ある老舗美容室様に「美容室内のトータルビューティスタッフとして働いてみませんかと」お声がけいただいたのです。なんともうれしいお話でした。

「どうして、私が?」と戸惑いながらも、「ぜひ」と即答しました。不安な気持ちから一転、奇跡的な展開でした。サロン閉店の翌日から、お声がけいただいた美容室で、ネイリストとして働くことになりました。

その美容室にはネイルスタッフ以外にも、ヘア、エステ、ブライダルと、たくさんのプロがいる華やかな職場でした。企業理念、接客、接遇、おもてなしの心が詰まったこの美容室で、たくさんの学びがありました。私も、ネイリスト技能試験1級、日本ネイリスト協会ジェルネイル上級を取得し、技術にさらに磨きをかけました。

次第に自分に自信がつき、キャリアアップを考えるようになりました。美容室で学んだ接客や接遇、お客様に快適な時間を提供するサービスを、自分の手で行っていきたいと思い、2015年には退職を決意。まずは自宅でネイルサロンをスタートさせました。

また、爪の悩みとともに幼児期からの悩みであった毛深さを解消するため、自宅サロンと兼業で脱毛サロンでも働きはじめました。脱毛知識を深め、いつかは自分のサロンでも脱毛サービスを取り扱いたい、というねらいもありました。

休みの日には、自宅のある島根県から2~3時間かけて大阪や広島、岡山の脱毛サロンへ通いました。かねてから脱毛機についてのリサーチは行っていたので、気になる機材を取り扱っているサロンを回りました。訪れたサロンで初回カウンセリングを受けるたびに、「カウンセリングはどのような流れで行っているのか」「勧誘はどのタイミングでどのようにするのか」などを調査しました。また、サロンごとに脱毛する部位を変えて、脱毛効果を比較しました。

当時、島根県内には脱毛サロンはとても少ない状態でした。「お悩みの方へ少しでも早くサービスをご提供できれば」という思いで、時間を見つけては、1日に3～4軒ハシゴをすることもありました。市場調査はとても楽しく、常にワクワクしていました。

そして、ついに2008年「エステティックサロンダイアナ」をオープンすることになります。当時お付き合いしていた彼がリフォーム会社経営者だったこともあり、店舗の立地や内装のイメージを伝えるとすぐ図面として形にしてくれました。長年の夢が瞬く間に現実として、私の前に現れた瞬間でした。彼には、今後の事業イメージや経営についても常に相談していて、私にとっては心強いパートナーでした。初めて店舗を経営することに不安もありましたが、ある意味絶対的な自信を私に与えてくれていました。

一方で、その彼は当時、がんを患っており、ステージ4という状態にありました。がんの発覚から、検査、病院選び、セカンドオピニオン、治療方法、そしてつらい治療期間を私なりに支えてきたつもりでした。

けれども、その彼はダイアナの開業2週間前に、元奥様と脱毛サロンを開業したのです。しかも、私が立ち上げたサロンの近隣に、似たような形態で……。

ただの脱毛サロンにしたくない

つらく、悲しいオープン前の出来事に心が壊れかけているなか、支えてくれたのは立ち上げ当初から見守ってくれている優しいスタッフや、友人でした。「こんなことで自分自身がつぶれるわけにはいかない」と自分を奮い立たせて、がむしゃらに働くことで、考える時間をなるべく持たないようにしていました。

しかし、あらゆるところから「嫌がらせ」を受けることもしょっちゅうでした。オープン当日の早朝には、以前働いていたサロンオーナーから「あんたの店、絶対潰してやる！今から行くから待っていろ！」といった脅迫の電話が入りました。そして、まだオープンして間もないころに、さまざまな書き込みサイトにマイナスの口コミが次々と投稿されました。あきらかに悪意のある内容や、脱毛効果が現れる前のタイミングなのに「まったく効果がない」といったコメントが並ぶ光景に、目を疑いました。そのような嫌がらせの電話や書き込みは1年くらい続きました。

後になって知ったことですが、これらはすべて彼の元奥さんによる嫌がらせでした。スタッフには申し訳ない気持ちでいっぱいで、「ごめんね、本当にごめんね……」と毎日謝っていました。

そのようなはじまりではありましたが、脱毛機は選りすぐりのものを採用しています。お客様への接客やサービスも、これまでずっと研究を重ねてきました。何より、島根県では脱毛サロンはまだまだ新しいサービスでした。ありがたいことに、サロンの経営自体は好調なスタートを切ることができました。

時間の空いているときには、集客にも全力で取り組みました。情報が必要な方へしっかり届くような配信方法やターゲット層へのメッセージにも工夫を凝らしました。そして、寝る暇も惜しんで、ホームページや地域ポータルサイトへ、脱毛を必要としている方へ向けた記事を投稿し、情報発信を続けました。近隣へのポスティングや地域の店舗へのチラシの設置、ご挨拶など、できる限りのことを行いました。

1年後には同業者のサロンが増えてきたこともあり、少し焦ることもありました。けれども、ダイアナの企業理念「お客様に寄り添うサロン」を再度スタッフにも落とし込み、お客様にとって一層心地よい接客、施術を心がけ初心を忘れないようにしました。

一方で、自分の思いとスタッフのモチベーションに差を感じることもありました。その度に、丁寧に、ダイアナのターゲット層や思いを伝えていきました。

「ただの脱毛サロンにしたくない」

「お客様はお一人ひとりみんな違う」

「お一人ひとりのお話を、しっかり聞きましょう」


何度も繰り返し伝えていくことで、最初は「どうしてそこまでうるさく言うの?」といった顔をしていたスタッフも、次第に変わり始めました。

そのほかにも、お客様からのフィードバックを共有したり、スタッフと交換日記をつけたりして、スタッフとの交流を図りました。スタッフも一人ひとり個性があり、向き不向きがあり、性格もさまざまであるため、私自身も、もっともっと伝える力や傾聴力を高めたいと、マネージメントや経営を学ぶようになりました。

また、サロン内で予約制の託児サービスも行いました。これは、サロン内でお母様が施術を受けている間、保育士免許を取得しているスタッフがお子様をお預かりするものです。開業当初から在籍するスタッフの中に、前職で10年間保育士をしていた者がいたため、このサービスを開始しました。

サロンを構えている島根県松江市では託児サービスはめずらしく、とても好評で、小さいお子様をお持ちのお母様にも、たくさんご来店いただけました。

そのほかにも、美容師として7年ほどのキャリアを培ってきたスタッフによる、アイセラピーのメニュー化も実現しました、介護士として8年働いてきたスタッフは、今後、ダイアナでも力を入れていきたい介護脱毛の普及を頑張ってくれています。

ダイアナは、スタッフそれぞれが学んできたことを発揮できる場にもしたいと思っています。そのため、一人ひとりの成長のための目標や計画の立て方、自己実現にも力を入れています。現在では、すべての女性が生き生きといつまでも輝ける職場づくりを目指すとも、私の目標となっています。

当時の彼が元奥様と脱毛サロンを開くと知ったとき、人前では精一杯明るく振舞っていました。けれども、一人になるといつも涙があふれていたことを、今でもまるで昨日の出来事のように思い出します。

ですが、つらくて悲しいことがあっても、自分自身の目標と向き合い続けることで、乗り越えることができると考えています。私は、毛深さなど自身のコンプレックスを持つ方に寄り添い、少しでもその悩みを軽減して、明るく前向きで笑顔あふれる日々を送っていただきたい、そして周囲の方たちも幸せにしたい、という思いは持ち続けていました。たとえつらい出来事があっても、自分との会話はできていたように思います。

自分と同じ悩みを持ってほしくない

ダイアナでは「キッズ脱毛」や「介護脱毛」といった脱毛コースも用意しています。子どもや40～60代の方が介護に向けて脱毛する、という認識は島根県ではあまり浸透しておらず、メニューをつくった当初は「子供が脱毛なんて、肌によくないのでは？」「介護の際に、脱毛なんか必要ないでしょう」といったご質問も多くいただきました。

私自身、幼少期から自分の毛深さについて悩みがありました。そこでダイアナでは、小さな子どもからお年寄りまで、何歳でも通えるサロンを目指しています。この二つのメニューにも、ダイアナの思いが込められていますので、ここで少しご紹介させてください。

【キッズ脱毛】ダイアナへ通うお子様からはこのような悩みをお聞きします。

○友達にからかわれる
○肌を見られたくない、露出したくない
○プールや体育の授業もいや

ムダ毛が原因で、その子本来の明るい性格を潰すようなことがあってはならないと考えています。また、自分がそうであったからこそ、同じ悩みを抱えてほしくない、と強く願っています。ダイアナでは、子どものやわらかくて薄い肌にも照射できる安全な脱毛機を採用し、保護者様にも実際に脱毛体験をしていただき、安全性をご確認いただいています。

【介護脱毛】将来、介護を受けるときのために、デリケートゾーン、その他の箇所をきれいにしておくことを介護脱毛と言います。

○介護する側の人手は足りなくなっていく
○介護士の仕事の負担を軽減する脱毛
○今ある黒い毛が、後々、白髪になる前に始めたほうがいいとされている

さまざまな年代のお客様と接するなかで感じるのは、やはり、お客様それぞれの悩みがあり、問題は個々で違うということです。また、「夫がすごく毛深くて悩んでいる」「私の彼も脱毛したいと言っている」といったお声をたくさんいただき、2021年7月13日には「メンズ脱毛ダイアナ」をオープンしました。

「私はラッキーガール！」

最後に、今後の私の目標についてお話しさせてください。

①サロンの多店舗展開　②スクール事業　③化粧品事業　④ピンクリボン運動　⑤ヘアードネーション　⑥国家資格キャリアコンサルタント取得

今後は島根県内外にもサロンを多店舗展開させていきたいと思っています。そして、スタッフ育成や自己実現を応援し、一人ひとりが成長できるサロンを目指すため、サロンや行政、企業へ向けてのカウンセリング・傾聴力研修も実施していきたいと考えています。

また、肌の弱い方、そして幅広い年齢層のダイアナの会員様に向けて、脱毛と併せて肌の改善や補修ができるようなホームケア商品の開発をしようと考えています。

私自身、がん患者が身近にいたこともあり、看病をするつらさを痛感したことがあります。時には、人の性格をも変えてしまうがんを、少しでも減らせるような活動をしたいと思っています。例えば、「ピンクリボン運動」です。バストケアメニューの提供とともに、乳がん検診の必要性をお伝えしていきます。そして、もし、自分やその家族ががんを患い、抗がん剤治療によって、髪の毛がなくなってしまってもおしゃれを楽しめるよう、ヘアードネーションも積極的に広めていきたいと考えています。いろいろと書きましたが、今後も、常に新しい自分へ挑戦をし続けることで、自分が何をしていいかわからない人の背中を押す手助けや、第一歩が踏み出せない人へ、ほんの少しでも勇気を与えられる存在でありたいと願っています。そして、「子どもがいる」「お金がない」「知識がない」と気にされている方々へ、「そんなこと、1ミリも心配しなくて大丈夫！」とお伝えしたいです。

私自身も、ゼロからのスタートでした。コンプレックスだらけだったので、むしろマイナスからのスタートだったかもしれません。そんな私が、そのコンプレックスをビジネスにし、今現在、同じように悩みを抱えている方に寄り添うことで、事業を成しています。そして今後も、悩みを解消できるお手伝いをし、たくさんの笑顔を増やし続けたいと心から願っています。

「私なんかできない」と思っていたところから、一つひとつ経験を積み重ね、「私ならできる！」「私はラッキー！」と、考え方や捉え方が変わると、周りの人たちに応援してもらえることもわかりました。この書を手に取ってくれたあなたも、自分が素直にコツコツ頑張っていれば、いずれは周りも応援してくれます。そして、支えてくれる人のご指導は素直に受け止め、後は実行するのみ！　そうすれば、自分の描いている目標はきっと叶います。

Message

あなたへのメッセージ

成功への第一歩は
「自分の考え方」を変えることから。
いつも前向きでいれば、
おのずと味方は増える。

黒田有美さんへの
お問合わせはコチラ

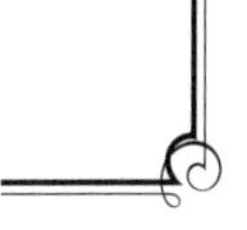

有限会社Good Grace 代表取締役
会計記帳／建築／不動産事業

鈴木美香

人生の試練を
乗り越えた現在
多様な事業を手がける
女性起業家が
大切にしていること

Profile

1971年東京都出身。服飾専門学校中退後、アパレル業界の店長候補の養成所に入る。その後、建築・不動産、輸入カーテン会社などで経理業務、建築現場でコーディネートや現場監理を担う。30歳で海外留学、帰国後はフリーランスで記帳代行を始める。2004年に記帳代行業、経営コンサルタントとして法人設立（有限会社 Good Grace）。建築業・不動産業など多岐に展開している。私生活では2011年に長男を出産。

1日の
スケジュール

Morning

5:30 起床、子どものお弁当作り

6:35 最寄り駅まで子どもの送迎

9:00 オフィスへ出社
クライアントとミーティング
またはオフィスでの作業

19:30 帰宅し夕食

20:30 お風呂・子どもとの時間

22:00 メール確認など

2230〜23:00 就寝

Afternoon

「自分で会社をつくったら？」

私は「記帳代行」という仕事をしています。記帳代行とは、企業の経理の方が行う記帳業務（請求書や領収書をもとに仕分けを会計ソフトに入力する）を代わりに請け負う仕事です。一般的に、記帳は税理士事務所などで税務関係の処理と一緒に行われることが多いのですが、私の会社では、この記帳業務に特化して請け負っています。クライアントは中小企業の方、個人事業主の方などさまざまです。業種も建築業からサービス業、広告業、小売業まで多種多様に扱っています。

特に、中小企業では、金銭面的な事情から、経理の方を雇う余裕がなかったりします。そんな中小企業の方々にとって、記帳代行は面倒で煩雑な記帳業務を外部委託できるため、とても喜んでいただいています。また、請求書や領収書の仕分けは、経理のプロに任せたほうが早いうえに、ミスがなく、決算時に資料を見返す必要もなくなります。税金の申告書などは正しい帳簿をもとに作成するため、一連の作業をよりスムーズに行うことができます。正しい帳簿によって、クライアントの税金の申告漏れ、または、納めすぎを防ぐこともできます。

ここからは、どうして私が記帳代行という仕事を始めたのか、お話ししていきましょう。

私は、社会人になってから、ある中小企業の経理として働いていました。大きな会社ではなかったので、経理だけでなく、総務などの業務も含め、すべて私一人で担っていました。一方、経理については何も知識もない状態で入社したので、当時勤めていた会社を担当していた税理士の方に、基礎から教えていただきました。最終的には、経費精算や請求書のチェック、外注や仕入れ先への支払い、給与計算や社会保険、雇用保険手続きなど、一通りのことができるようになるまでになりました。

また、当時からさまざまなことに興味を持っていた私は、経理の仕事をしながら、フリーランスで、建築関係の仕事にも従事していました。仕事内容は、工事施工請負のための打合せや業者手配、現場監督などです。現場では自ら施工をしながら、職人さんたちへの指示出しなども行っていました。その他、不動産売買の仕事にも携わっていました。

若いころからいろいろなことを掛け持ち、大変ではありましたが、それぞれの業種で培った経験や、そこで得られた人脈が、今の私の出発点になったのではと思います。

社会人になって何年か経ったころ、海外にも興味があった私は「行くなら今だ」と思い立ち、会社を退職。30歳のとき、語学留学のためカナダのカルガリーに留学しました。4カ月間、語学学校で英語を学びながら、現地で生活をしました。

語学留学は、言葉の壁はもちろん、環境の変化に対応しなければならないため、苦労する人も多いと聞きますが、私は持ち前のポジティブな性格のおかげで、他の国籍の生徒とも仲良く交流できるようになりました。今、思えば、日本人がほぼいない環境に身を投じたことで、自分自身やこれからの人生を見つめ直す転機になったと言えます。その後、カナダからハワイへ1カ月、オーストラリアのメルボルンに2カ月滞在した後、帰国しました。

日本に帰国後は、再就職を目指して、就職活動を行いました。

就職活動では、輸入業、不動産、家具屋などあらゆる業種に応募したのですが、最終面接でことごとくご縁が途切れてしまいました。あのころは、途方に暮れていました。当時は就職氷河期とも重なり、中途採用が厳しい時代だったのだと思います。ある日、そんな私の状況を聞いた知り合いの不動産会社の社長が声をかけてくれ、経理代行をすることになったのです。

せっかくご縁をいただき就けた仕事ということもあり、一生懸命取り組みました。経理はお金にかかわる仕事ですので、正確に進めるのは当然のこと。そして、常にお客様の目線に立ち、誠心誠意努めさせていただきました。どんなに疲れていても、記帳の仕方や書類の整理など、相手にとってわかりやすいように工夫をすることを惜しみませんでした。そして、「この記帳方法にされてみてはいかがですか」「書類はこのようにまとめました」など、お客様とのコミュニケーションを大切にしてきました。そういった日々の積み重ねで、次第に自分に対する評価と信頼が上がっていき、仕事も楽しく感じられるようになりました。

ここまでで、まさか自分でも起業するという考えは毛頭なかったのですが、ある日、取引先の会社の社長から「自分で会社をつくったら？」とすすめられたのです。

驚いた私は思わず「なぜですか？」と聞くと「記帳代行はこれから需要が伸びそう」とのことでした。そして「鈴木さんの仕事は的確」「常に、相手の視点に立って仕事をしている」とお褒めの言葉をいただき、独立しても、新しい顧客を獲得し、長い年月をかけて信頼関係を築いていけるのでは、とお思いになったそうです。

会社の設立をしたら「旅行に行けないな」「自分が経営者になれるか」なんて考えたりもしました。けれども「これもタイミング」と思い、起業したのが始まりです。

2004年3月に、設立準備の一つ、定款認証をしてもらうため、世田谷区公証人役場を訪れました。

その際、担当の方から「記帳代行とはどんな仕事なの？」と尋ねられました。

私は「会社の経理代行の仕事を請け負う仕事です。中小法人は経理が必要ですが、人件費をかけられないところが多いんです。そんな会社のために、記帳代行のみをお手伝いするんです」と話しました。

すると、担当の方は「世田谷区で初の業種かも。これは需要がありそうだ」とおっしゃってくださりました。「この業種の先駆者なのかな」と感じました。

専門性を伴う仕事のアウトソーシング（外部委託）の流れは、私が起業した2～3年後に積極的に行われるようになりましたが、このころはまだ世の中に広がっていなかったのです。

人を通じて世界が広がっていく

こうして独立しましたが、やはりそんなに甘いものではありませんでした。事業を始めると、目がまわるくらいの忙しさで、気力、体力、精神力が削られていきました。プロとして求められるレベルの仕事をするのはもちろんのこと、新しいことを吸収する力、問題を解決する経験値など、すべて責任をもって成し遂げる必要があるので、最初の3年はとても苦しかったです。

また、これといった実績がなかった私は、銀行の借り入れもできず、顧客から夜逃げのようなことをされたこともありました。けれども、実績がないうちはとにかく働いて、少しでも信頼をつくり上げていこうとしました。

【大切にしていること】

記帳代行の仕事は、お客様から預かった大切な資料を一つひとつ精査し、丁寧に記帳していくことが求められます。お客様の資料は、返却した際にお客様が困らないよう、見やすくファイリングをしています。記帳代行の仕事としては、そこまでする必要はないのですが、当社はお客様と近い存在になることが大切だと考えています。「どうしたらお客様に喜んでいただけるか」を常に考え、大手記帳代行や税理士事務所にはないサービスを提供しています。

仕分けや会計ソフトへの処理入力は、毎月膨大な量をこなす必要があります。正確性とスピードが求められるため、一瞬で正しい判断ができるよう訓練をする必要があります。私はこれを、以前中小企業で働いていたときに、徹底的に教えてもらうことができました。その方は年配の男性の税理士さんで、とにかく細かく指導されました。そのおかげで、丁寧なファイリングをすること、トリプルチェックをすることの習慣がつきました。クライアントからも「わかりやすい」「節税対策をしやすい」とご好評いただいています。

そのようなことを続けているうちに、いろいろな業種に携わり、経営について視野がさらに広がりました。クライアントにアドバイスする、コンサルティングもするようになりました。その中で次のことについていつも意識して向き合っています。

【相手を前向きにさせ、モチベーションを上げる】

クライアントにとって、税金の支払いはあまり面白いとは言えない話題です。一生懸命働いても、業績がよいときもあれば、よくないときもあり、納税についてあまり前向きになれない気持ちもよくわかります。

そこで、コンサルティングを行う際は、まずはクライアントの会社全体の数字を達観するようにしています。そのうえで、ヒアリングを行い「最終的にどのくらいのお金を、いつまでに貯めたい」という明確な目標を定めるようにします。そして、持ち前のポジティブな思考で、5年後、10年後のビジョンを一緒に考えていきます。その中で、必要な改善策をご提案していくうちに、相手も未来に向かって明るく歩き出せるようになっていきます。

あるクライアントは、最初は3人の従業員を抱える程度の小さな会社でしたが、コンサルティングを受け、順調に売り上げを伸ばしていくうちに、20人規模まで成長することができました。きちんとした人材を確保し、将来に向けた経営方針をしっかり保ち続けたことで、会社を大きくすることができたのだと思います。

そういったことを何社か行っているうちに、口コミの効果もあり、順調に仕事も増えていきました。現在では、記帳代行を40社程度、個人事業主も10人ほど請け負うほどになり、スタッフも増員しました。おかげさまで、非常に忙しくしています。

仕事とは、人と繋がり、コミュニケーションをとることです。人を通じてクライアントや他の分野の方の人脈を紹介していただくことができ、世界が広がっていく感覚がとても面白く感じています。私の仕事方法はどんな状態にあっても、解決に向けての糸口を前向きに探っていくことです。決して前向きに捉えることのできない状況でも、相手との会話の中から本心を聞き出し、目標に向けてともに未来を構築していきます。私にとって、やりがいを感じる瞬間です。

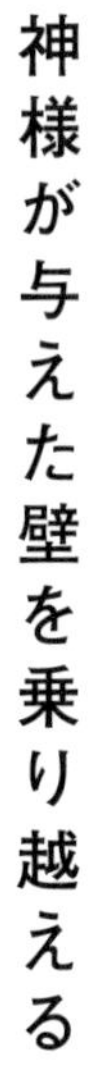

神様が与えた壁を乗り越える

私は、記帳代行のほか、建築事業と不動産売買も行っています。建築事業も始めたきっかけは、雇われ時代に建築現場やオフィスや店舗の内装工事現場などで、現場監督を任される機会があり、非常に面白味のある仕事だと思ったからです。現場の仕事には女性がいない時代でしたので、職人さんたちに教えてもらい、それが自分自身の知識になっていくこと、工事が進んでいき、物件ができ上がっていくことに達成感ややりがいを感じていました。

この仕事は、決められた工期通りに工事を完了させるスケジューリングや、質が高く安全な施工をする品質管理、予算内で収める原価管理などが求められます。建築現場では日夜職人さんたちが働き、いろいろな専門分野の業者の方が知恵を出し合いながら、建物を完成させていきます。

人脈を作るのが好きでもあり、さまざまな分野の方と分け隔てなく話をすることを得意としていた私にとっては、黙々とこなす記帳代行とはまったく違う活動範囲の仕事は、より楽しく感じられたのかもしれません。それに、長い人生はたった一人の力だけでは生きていくことができません。建築の現場で、人はお互いに助け、助けられていくことで、一つの大きな成果を成し遂げることを学びました。その経験があり、建築事業は需要も見込めたので、経営の中にこの事業を入れることにしました。まずは小さい工事から、知人紹介で仕事をもらい、そこから段々大きなビル1棟の工事に携わるようになりました。ビル一棟の改修工事は当然、請負金額も大きいものでした。

しかし、事業が順調に拡大してきたころ、2008年のリーマンショックが起きました。当時関わっていたクライアントも倒産し、私もかなりの借金を抱えることになってしまいました。しばらく落ち込みましたが、世界的金融危機ですし、影響を受けたのは私だけではありません。泣いても考えても、前には進めないと思い「今の自分にできることは何だろう?」と模索しました。

事業を畳むこともできましたが、せっかくの楽しい仕事を終わらせたくないと思い、再び小さな工事を紹介してもらい、一つひとつ、一から丁寧に再開することにしました。苦しくても人を裏切らない、人の責任にしない、人に嫌な思いをさせないことを信念に頑張っていると、周りの方々も評価してくれました。そのようなことを続けるうちに、莫大な借金も7年で完済しました。

借金も返済したので、新たに不動産業も始めることにしました。こちらも以前働いていた中小デベロッパーでの経験が活かされています。

デベロッパー時代は土地の仕入れ、戸建て物件の売却をしていました。今でもそのころにお世話になった会社の方々や、そこからのご紹介など、いろいろなお客様と関われることが、この仕事をしていて楽しいと感じる瞬間です。

仕事をする際、相手を尊重し、自らも心を開くことで、信頼関係を築いてきました。自分でも、人脈には恵まれていると感じています。これまでの出会いやご縁に、これからも感謝していきたいと思います。

人生は長いようで、実は短い

ここまで読んでくださったあなたは、もともと中小企業の一社員だった私が、現在いろいろな分野の事業に携わっている理由を、おわかりいただけたと思います。すべて私がやりたかったことを仕事として実現させているのですが、これまで出会った方に大きく影響されたこともたしかです。

人生は面白いもので、さまざまな人との出会いによって、目まぐるしく変わっていきます。人と真摯なコミュニケーションを取り、話を引き出すことで、人生のヒントを得ることができるのです。もちろん完璧な人間はいないので、失敗したときは素直に受け入れる潔さも必要です。自分の夢や信念を持っていれば、見極める力もついてきますし、自分にとってマイナス要素になる人は引き寄せないのではと考えています。

私は、人の人生は長いようで、実は、短いと思っています。その中で、充実した人生を送るにはどうすればよいのか、若いころから考えていました。それと同時に、常に助け合いの心を忘れず、人に嘘をつかない、人を傷つけてはいけないといった人間にとって基本的なことをぶれずに素直に生きていければ、前向きで楽しい人生になると私は思います。

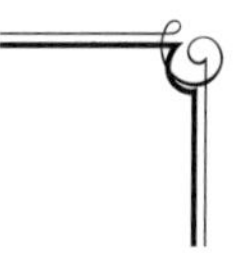

Message

あなたへのメッセージ

短い人生の中で、
出会える人には限りがある。
ご縁やつながりは、
あなたにとっての財産。
目の前の人を大切に、
ひたむきに。

鈴木美香さんへの
お問合わせはコチラ

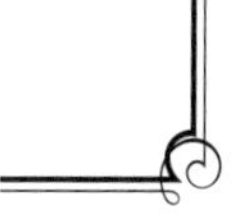

NPO法人はっぴぃ 代表理事
福祉事業

髙橋美喜

障がいを持った
子どもの誕生が
きっかけで
福祉事業を立ち上げ
「背中美人でいたい」から、
今日も全力奔走！

Profile

1980年静岡県生まれ。波乱万丈人生。子ども4人を育てる経営者。4人全員を帝王切開で出産。2017年にDVが原因で離婚。教習所に通い大型二輪免許を取得。取得してハーレー女子になる。「自分のために生きよう」と決めた後から、笑いが止まらないくらい人生が楽しくなる。「何も考えずまずはやってみようか」目標は、43歳の万年反抗期、かっこいいママでいること。そして、最期に「母は凄い人だった」と伝えてもらうこと。

1日の
スケジュール

Morning

5:00 起床。犬の世話をする（大型犬4頭・中型犬2頭・超大型犬1頭）

6:00 お弁当作り

6:55 子どもをスクールバス停留所まで送

8:00 掃除・洗濯

9:00 出社

18:00 退社。お母さん業スタート

20:00 勤怠などの書類作成、趣味の動画作成

23:00 就寝

Afternoon

「お前は生きている価値がない」

4人の子どものうち、3番目の子が障がいを持っています。生後2カ月から、耳鼻咽喉科へ通院する日々がスタートしました。熱を頻繁に出し、とにかく吐くのです。逆流性胃食道症と診断されたのは、1歳のときでした。

生まれつき胃がないため、口にしたものを消化しきれず、離乳食を食べるようになってからも、食べた物を戻してしまうのです。食べ物が逆流して、中耳炎になることもしょっちゅうでした。

静岡県立こども病院に通院をした期間は6カ月間に及びました。期間中は入院もし、何度も、原因不明の蕁麻疹にさいなまれました。

「〝普通の子ども〟に産んであげられなかった」と、よく、自分を責めたものです。

頻繁に熱を出しますし、そのたびに痙攣も起こしていました。3カ月に一度「帰ってくる」ような頻度での入院。寂しかったし。心細かった。

なんで障がいのある子を産んだのか……。そう、お金がなくて、病院も、妊娠が発覚してから3回しか行けなかった。ガソリンスタンドで、お腹抱えながら3回目の出産予定日の2日前まで働いていました。

そんな息子も16歳になりますが、これまで17回の手術経験があります。てんかんの発作があり、現在も薬の管理が必要です。母になるために、神様から与えられた試練なのかと思ったこともありました。

息子の入退院が多く、アルバイトやパートとして働くことも難しくなり、27歳のときに自営業を始めました。下着業で店舗をオープンしたのです。

これまで、ガソリンスタンドや部品販売、トラックの運転手や弁当屋の配送など、さまざまな職種で働いてみました。しかし、保育園に預けて、ほんの1時間くらいで「熱があるのでお迎えをお願いします」と、園からの電話があるのです。

3番目の息子は特に、呼び出されることも多く、アルバイト・パート先からも「また?」と、言われました。そうこうしているうちに、すぐクビになってしまうので、自分で会社を立ち上げたほうがいいと、自営を始めたのです。実際に、自分で会社を起こしたほうが、調整もしやすくなりました。

その後、32歳のときに新居を建てるまで事業は順調に進み、「imaru de café.. (healingCafe)」というカフェもオープンしました。そのお店では、カウンセリングや、占いなどのサービスも提供していました。街コン、出会カフェなんてやってみたり、それがきっかけとなり、結婚したカップルも何組かできました。「幸せのおすそわけー」なんて言いながら、大きいお腹で、楽しく仕事をしていました。この経験は、私の大事な思い出です。そのときは、4人目の妊娠・出産のタイミングでもありました。三兄弟に、妹（長女）が生まれました。ずっと男の子だったので、私にとっても人生の転機。幸せでした☆

日々が過ぎて、3番目の子どもは小学1年生になりました。障がい認定を市町で受け、学校後には放課後デイサービスを利用していました。しかし、あるとき、そこで虐待を受けていることがわかったのです。

発覚してから、警察にも行きました。裁判にも発展しましたが、最終的には示談となりました。

虐待を知ったのは、長男と次男が、施設に3番目の弟を迎えに行ったときのこと。3番目の弟が、職員の人からハサミを向けられていたのを目撃したのです。しかも、「お前は生きている価値がない」とまで言われていたと……。その様子を見て、怖くなった長男と次男が、走って車で待っていた私を呼びに来ました。

相手は介護福祉士、しかも管理者です。福祉従事者の想いはないのでしょうか……。本来の「放課後等デイサービス」のサービス内容は、ただの見守りだけではありません。個々の個別支援を立てて、療育を行う環境でなくてはならないのです。ただの「預り」すらできていなかったその環境は、すぐに退所することにしました。

この出来事がきっかけで、福祉を学びたい、と思い始めました。すると、タイミングよく、初代理事長から声がかかり、本当に事業を立ち上げるに至ったのです。

こうして、富士市で7件目の放課後等デイサービスとして「すまいるらいふ。」をスタートさせました。虐待などから利用者・職員双方を守るためにも、防犯カメラを設置しました。それから数年経ち、現在では前理事長よりバトンを受け継ぎ、2020年からは私が理事長に就任しました。

「すまいるらいふ。」を運営しているNPO法人はっぴぃは、2017年に静岡県富士市富士見台の2DKの借家から始まりました。その後、もともと空手道場だった敷地と建物を購入し、リフォームをしました。障がいを持つ子どもたちが楽しく過ごせるように、これまでできなかったことが、一つでもできるように、さまざまな共生共育プランの療育支援を行っています。同敷地内には、職員の子どもと、地域の子どもの保育園として、小規模9名での企業主導型保育事業も運営しています。

障がい福祉事業は、放課後等デイサービス「すまいるらいふ。」から始まり、8年が経ちました。現在では、放課後等デイサービスのほか、児童発達支援、生活介護、相談支援事業、短期入所等、そして、高校卒業後の生活介護もサポートしています。また、職員の働きやすさのために、先述の保育園も開設しています。障がい児と、健常児がともに生活する共生共育できる環境で、療育支援ができるまでになりました。

障がいを持つお子さんの親へ、「一番の歩み寄り」を念頭に置いて、日々、個別療育支援や、学校・病院などとの連携にも力を入れています。

開所当初は、まず、安心・安全に預けていただける環境づくりから始めました。医療ケアも取り入れています。事業所は、子どもを預かる支援者を100%有資格者に限定しています（看護師・機能訓練士・教諭・保育士・介護福祉士など）。障がいを持つ子どもにとって必要なサービスを増やし、利用者さんとその家族の笑顔を一番大事にしてきました。

活動開始から8年がたった今、静岡県富士市神戸のすまいるグループは、毎日30人以上の子どもたちが集まる、笑顔でいっぱいの居場所になっています。

私自身、子どもに障がいがあり「なぜ、3番目だけ？」と思うこともありました。マニュアルのない子育てをするなか、職員から「息子を預かるための、別の手当が欲しい」と言われたこともあり、そのときが1番つらかったです。

けれども、そのような経験があったからこそ、有資格者それぞれが持つ知識の「引き出し」を最大限発揮できる環境づくりや、歩み寄ってくれるスタッフと、理想の療育サービスがめざせると思っています。

私にとってのcommit

実は、すまいるグループの立ち上げ当初は、本当は逃げたくなるくらいに大変でした。何が大変だったかって？　まだ、1歳にならない娘と、三兄弟の子育て時期が重なったうえに、やめてしまう職員もいたし、NPOなので、融資が受けられなかったことです。寄付をしてくれる人はなかなかおらず、寄付をしてくれる方を探す方法すら、最初はわかりませんでした。自分の資産を出すことも頻繁でした。もともとの代表理事と揉めたこともありました。

そのようななか、日本財団さんから、寄付の車をいただいたときは本当にうれしかったです。また、趣味で乗っている、バイクのハーレーダビッドソン（通称：ハーレー）つながりで出会いが広がり、寄付してくれる人が見つかることもありました。今も応援者は募集中です。

仕事上の出会いでも、趣味の出会いでも、人と人のつながりは大切だと考えてします。過去には、ハーレーのつながりで、カメラマンに生活介護成人式撮影もしていただきました。どこで、どのようなご縁が生まれるかわかりません。出会いに感謝です。また新たに成人式を迎える子たちがいます。成長が本当に楽しみです。

長男は看護の四年制大学に進んでくれました。次男は大学進学後、消防士をめざすと言っています。自分自身がやりがいを持つ仕事に就くことが、私にとってのcommit。子育てで、子どもの自立を促すのが目標です。看護師と言う職は、私の母（所長・看護師）の背中を見て、医療・社会貢献を志してくれたのだと思っています。

お金では解決できない人からの思い、感謝、ボランティア精神を大切に持って、生きていってほしい。そう、万年反抗期の母は思うのです（笑）。

現在は規模も広がり、利用者もいますが、子どもたちが成長するにつれ、小さい子どもの利用枠が空いていきます。重心児の利用者が成長するとともに、利用するサービスが変化するため、新しい事業所も常に探しています。

現在「重症心身障がい児クラス」「児童発達0歳児～放課後等デイサービス18歳～生活介護へレベルアップ」「企業主導型保育事業」も、空きがある状態です。重症心身障がい児（知的・精神・発達支援）以外の子どもたちのクラスは見学も可能です。よかったら、一度遊びに来てください。

毎日笑顔の花を咲かせる

昨今、保育士の不足といった問題について、ニュースなどでも見聞きすることがあります。このような問題には、さまざま理由が存在するとは思います。私は、原因の一つが「どうして保育士になるのか」などのビジョンが形成されていないまま、資格者になる人が多いことだと考えています。

中には、せっかく資格を取っても、本職でお金を稼げず、結果、株やFXに明け暮れるなど、目的を見失っている人もいます。「認められたい」一心で、仕事を次から次へ変えてしまう人もいます。

私は、このような有資格者の人たちのフォローもしたいと考えています。せっかく資格を取ったのだから、やる気を出してほしいし、ビジョンも見つけてほしい。

先述のような人たちは、あえて厳しい言い方をすると、自己評価が高いか、物事を考えすぎて、頭でっかちになってしまっている傾向があると感じます。また、失敗したとき、周りに仲間がいない人も多い印象です。

でも、努力は必ず見てくれている人がいます。たとえ、何人にも認められなくても、一人二人の人に認めてもらえたこと、それが経験と自信に繫がると信じ、ＮＰＯ法人はっぴぃでは、働く人に向けた10カ条に真心を込めています。
はっぴぃは『笑顔で生きる・成長の喜び・生きる喜び』を法人理念とし、すまいる10カ条をかかげ、日々、業務に邁進しています。

【すまいる10ヶ条】

1. 家族の想いを大切にする　すまいる
2. 思いやりをもって仲間と接する　すまいる
3. 常に感謝の気持ちを忘れない　すまいる
4. 気持ちの良い挨拶ができる　すまいる
5. 子どもを丁寧に呼ぶ　すまいる
6. できないことをできるようにする　すまいる
7. 教えるではなく伝える　すまいる
8. 身のまわりをきれいに保つ　すまいる
9. 預けていただいているという謙虚な　すまいる
10. 毎日笑顔の花を咲かせる　すまいる

私は、有資格者のレベルを底上げすることができれば、この業界はもっとよくなると感じています。当事業所では、保育士だけど教員免許があったり、看護師だけど教員免許を持っていたりするスタッフがいます。無資格者でも、スキルを積んでいる人もいます。

新型コロナウイルスの影響もあり、やりたかった仕事に就けなかった、頑張ったのに、就職活動であふれてしまい、アルバイトでなどで生活している人もいると聞きます。

そんな人たちに伝えたいことがあります。

今の世の中は、きっとあなたたちにとって楽しくないよね。でも、努力は裏切らないと私は信じています。自由だとか、楽しい時間だとかは、ほんの一瞬です。そして、努力したからこそ、その一瞬を楽しめるものです。

私は、オン・オフを大事にしています。人に何を言われようが、精一杯努力します。それは、先に、楽しい時間があるとわかっているからです。それを知っているから、頑張れるのです。

今、読者のあなたが報われていないとしたら「努力をしているのなら、きっと大丈夫！」とお伝えしたいと思います。もうすぐ、楽しい時間が待っていますよ。

でも、その先を楽しめるかは、自分次第です。自分のご機嫌を、自分でどれだけ取れるかも大切です。

誇れる母でありたい

実は、私自身もたくさんの手術・病気をしてきました。

「もうダメかも、もう無理かも」と思うこともありました。でも生きています！

２０１８年には子宮全摘をしました。その際、元旦那に「女じゃなくなるね」と言われました。今思い出してみても、本当に離婚をしてよかったと感じています。これまで、４人の子どもを帝王切開で出産していたので、心だけでなく、お腹も傷だらけです。

身体も心も傷ついた時期でした。同時に、子宮全摘の手術時に「死ぬ可能性が8割ある」と言われていました。運よく手術が成功しても、激痛が残るとのこと。正直、怖かったです。でも、今死んでしまったら、子どもたちに何も残すものがないと思いました。その瞬間から、スイッチが入りました。

離婚前、子どもたちには、喧嘩している姿ばかり見せて、寂しい・怖い想いをさせていました。

極端なことを言うと、私は、いつ死んでもいい、明日死んでいい。と思っていました。

けれども、私がいなくなった後、誰かに「母はかっこいい人であった」と、子どもたちにとって、誇れる母でありたいと思ったのです。誰かのための人生はやめる。

・子どもたちのために生きるのではない
・子どもたちのために頑張るのではない
・自分が楽しむために生きよう
・自分が楽しむためにお金を使おう
・自分が楽しめないことに時間とお金を使わない

そう決めてから、大型二輪免許を取得しました。無言で風を切る時間は、最高の時間です。これまで、誰かのためだけに生きてきた人生だったから、それがあたりまえだと思っていたから、どんな乗り物よりも、風を肌で感じて「生きてる」と実感がわいてきました。向かってくる試練は、自分がそれを乗り越えるためにやってくるのだと思っています。手術後の傷は本当に痛かった。子宮全摘出手術は、内臓の一部を取る痛みより心がつらかったな。生まれ変わったら、二度と受けたくない手術の一つです。痛みに強い私でしたが、家の中をハイハイで歩き、誰にも頼れず泣いた時間もありました。

でも、そのときからスイッチが入って、マイナス70キロ以上の減量に成功し、今、最高に人生を楽しんで、元気いっぱいです。仕事はもちろん大変だし、人を信用できなくなることもあるけど、またそこには出会いがあって、自分の成長も実感できます。目の前のことや、5年後、10年後に、誰といて、何をどうしているか？　ではなく、「自分がどうなっていたいか？」が、走り続ける理由です。

後世に会社を引き継いだときに「母はかっこいい人であった」と言われたい。生きている間も「かっこいい」と言われるお母さんでいたい。背中美人で生きていたい。後ろ姿を見ると、まるで20代のような、常に走り続けているお母さんでいたい。

そのためには、自分の評価を自分で決めない。お金は、後からやってくる。お金持ちの人には、自然にお金が回ってくるのを、実際にお金を持ってから知りました。

人をうらやむのをやめた人生は幸せでした！「頑張った」という言葉は、他人の評価です。常に努力をし、徳を積む（自己満足）。今後も、ポジティブな言葉を口にしたい。そして、自分のことを大好きでいたいと思います☆

長男が成人を迎えます。私を母にしてくれてありがとう。これからも走り続けます。

【読んでくれた出逢えた仲間へ】

「失敗したっていいじゃない！　笑って、何度だってやり直せばいいよ！　走り続けて止まったら死んでしまうよね（笑）。また泣いたら笑いあおうよ」byマグロ族

Message

あなたへのメッセージ

前を向き、
「今」を走り続けよう。
迷いも、
後ろを振り返って
後悔する隙すらも
与えないために。

髙橋美喜さんへの
お問合わせはコチラ

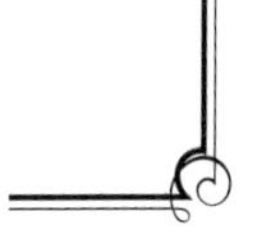

株式会社フォトスタジオシミズ 代表取締役
写真館／結婚相談所

長谷川久代

メディア掲載多数の人気フォトグラファーが「人生の目的」を見つけた瞬間

Profile

1972年、大阪府出身。写真館・結婚相談所経営。栄養士の学部を卒業するも、学習塾講師に就職。結婚退職後、実家の写真業を手伝い始める。2010年ころより、写真の持つ力を発信する活動家として、NHKや朝日放送、いろは出版などから取材を受ける。ほか、講演活動も多数。最近では、地域の人々に向け、写真の撮り方・写り方の講座などを開催。市役所のSDGsパートナーにも登録し、活動に力を入れている。

1日の
スケジュール

Morning

6:30 起床　家事

8:30 出社

19:00 帰宅し、夕食　家事

20:00 ホットヨガ　or　ギター練習

21:30 散歩やトレーニング後、入浴

23:00 就寝

（休日は社交ダンススクールに通う）

「父に認められたい」。ただ、それだけだった

写真スタジオは、父の代から始まりました。それ以前は、いろんな業種のお店として、地域に貢献してきました。お米屋、化粧品屋、私が幼いころは何でも揃う小間物屋、そして、スピード写真現像（ＤＰＥ）店から写真スタジオとさまざまです。時代背景に合わせて業態変更をしたり、その都度の改装をしたりしました。「店にはタイヤをつける」という祖父の言葉通り、車や人通りに合わせて、場所も少しずつ移動してきました。祖父が戦争で疎開してきたときからですので、お店を開いて80年近くになります。

祖父は、地元小・中学校のＰＴＡ会長や、商工会などのお役を数多くし、父も、小学校の運動会やお祭りなどの写真を無料で撮りに行くなど、地域の盛り上げに貢献していました。家族でお店を切り盛りし、朝早くから夜遅くまで、定休日もなく毎日働いていました。

私たち家族はお店の2階に住んでいました。そこは、裏に大家さんが居る借家。築年数もわからない古い木造。汲み取り式のトイレ。お風呂もなく、毎晩銭湯へ通いましたが、お店の仕事が遅くなると、行水で済ませました。私が小学生になり、友達が遊びに来る年頃になると、家の玄関もなく、お店の中を通ってしか入れず、お客様の目を気にして恥ず

かしかったことを思い出します。反対に友達の家に遊びに行くと、おやつが用意されていたり、自分の部屋があったり、何より家の中が静かで綺麗で「なぜ、私の家はみんなのような家でないの？　商売なんかしていて恥ずかしい」と思いました。

それでも、毎日働く両親の姿を見てきた私。二人姉妹でしたから、きっと長女の私が跡を継ぐのだろうと思っていました。祖父と父の話や態度から、自分の状況を察していたのです。

中学3年生のとき、父が脳梗塞で倒れ、視力も含め、体の左半分がうまく動かなくなりました。単語もすぐに出てこなくなり、自動車も乗れなくなってしまった父の代わりに、母はそれまで以上に働くようになりました。

家族の役割が変わっていっても、私の思いは変わらずにありました。学生時代にアルバイトしていた学習塾にいったん就職するも、翌年には結婚退職。両親の側から離れることはあり得ないと思っていましたから、当然のように近くに住むことを最優先に考えました。そして、落ち着くとすぐにお店を手伝いはじめました。父の喜ぶ視線を感じながら。

当時はまだまだ好景気で、次第に工事現場の写真現像の受注が多くなりました。そこで、小間物屋と兼ねていたスピード写真が、店の看板商品になりました。両親は新しい機械やパソコンにも投資しました。私も機械操作を覚え、新たな分野でお役に立てていることを自信にしていた気がします。

また、もともと父が趣味で行っていた写真撮影にもどんどんお客様がつきはじめ、小さいながらも写真スタジオを店内につくると、少しずつ撮影業務も忙しくなっていきました。私自身も、病気の後遺症が残る父に代わって写真の勉強会などに参加し、撮影にも熱心になっていきました。もともと栄養士の勉強をしてきた私にはまったく未知の世界でしたが、仲間や師匠もでき、頑張れば褒められることが心地よく、写真コンテストで受賞すると誇らしげでもありました。

ただ、小さなころから父には「図にのるな」と常々言われていましたので、成功しても心から喜ぶことができず、父の期待通りの「私」を求め続けていました。その結果、例えば幼少時代、運動会のかけっこでは、1番になりそうになるとわざとコケたりしていました。目立ってはいけない、謙虚に。人前では下を向いて。それは本来の私と正反対でしたが、他人とうまくいくためには出る杭になってはいけないと自分に言い聞かせていました。

お店を手伝いはじめて8年を過ぎるころ、父が他界しました。

仕事中に熱が出て、病院で診てもらうと「肺がガンで侵され真っ白です。この状態だと、あと1カ月の命です」と、突然の余命宣告を受けました。悲観する間もなく、父は残りの人生を、これまでを振り返る時間にするためホスピスへ。父への懺悔と感謝、心からの応援を手紙にし、ホスピスへ送り続けました。母は1カ月付き添い、その間、両親が帰って来るまでだからと、2歳年下の妹やスタッフとお店の切り盛りを頑張りました。本来の私はとても自信家です。「大丈夫。私なら絶対うまくやれる」と自分に言い聞かせました。

その後、宣告通りに父は他界。私は事業を引き継ぐことになりました。34歳の秋でした。二人の息子たちはまだ8歳と2歳でした。当時、しばらくは「お店を守らなければ！」とがむしゃらに頑張っていました。保育園のお迎えも間に合わず、閉まった門の前で先生に付き添われ待つ次男。食事の準備もままならず、家族や親戚に手伝ってもらう日々でした。

あるとき、「いつまでお店を守っていけばよいのか？　もう父は戻ってこない……。」と、はたと我にかえりました。私の心は、小さなころからずっと、「父に認められたい」。ただ、それだけだったことに気付いてしまいました。

「認められたい」と思う人が、今はもうこの世にはいない。父が他界したときに、ちゃんと感じていなかった寂しさ。ショックで涙が止まらず、私がどれだけ父を好きだったかと、家族に八つ当たりし、母を悲しませたときもあります。

「お店を支えなければ！」「父の顔に泥をぬらないように頑張らなければ！」というプレッシャーで押しつぶされそうな毎日から逃げたい……。そんな思いから「何のために？」という、これからの自分にとってのパッション。新たな人生の目的を求めはじめました。

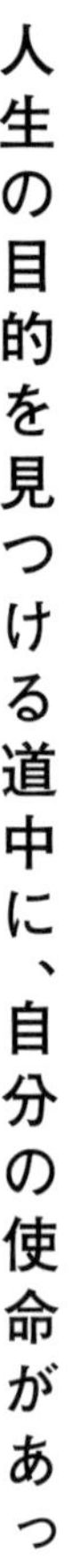

人生の目的を見つける道中に、自分の使命があった

父に認められたいという目的がなくなり、「何をどうしていきたいのか」を考えることは、自分を振り返る機会になりました。

生前、父のアシスタントをしていたときは、父が病気の後遺症でお客様とうまく話せなくても、店の経営に問題がないのは「私がいるから」だと思い込んでいました。「お店の売り上げをつくっているのは私」と傲慢になっていたのです。ある日、自分がいかに勘違いをしていたのかに気付く機会がありました。

カメラを手に取りお客様の前に立つと「ねーちゃんが撮るんか?」「大した写真じゃないのに何でこんなに高いんや」と言われたりしました。お客様からお金をいただくということは、こんなつらい思いも受け取らなければならないのだと、とてもショックでした。

父がいたから私も信頼してもらえていたこと。朝6時ごろからお店の看板を掃除し、絶えず道路に水撒きをしていた父の姿を思い返し、父がお店の評判を支えていたことを、あらためて思い知りました。

それからは、私の服装を男性的で頼もしい感じにしたり、声を大きくして活気を作ったり、女性ばかりのスタッフでも安心して頼ってもらえるようにと、試行錯誤を繰り返しました。「お客様に認められたい」が人生の目的になっていきました。

ところがそれは、追い続けても、追い続けても、心を幸せにしてくれません。次々と入れ替わるお客様に合わせた「認められたい」は自分のパッションにならず、まるでどこまでも続く他人様の登り坂。この道でもないのかと気付き、意気消沈しました。

そして、スタッフともうまくいかなくなりました。「やはり私にパッションがないからだ！」と、いくつもの自己啓発セミナーに通い、ポジティブな刺激を自分に与えました。感化されやすい私は、帰るたび「よし！　見返してやる」と力強く一歩を踏み出します。

一人前になりたいと、事業を法人化し、スタジオ写真館新築のために多額の融資も受けました。いざスタートすると、お店のレイアウトやデザイン、インテリア・機材の購入など、決めていくことは山積み。毎日の撮影や接客業務も、全部私でないと進まない。でももう途中でやめられない。そんなイライラを建築の営業マンにぶつけ、自己嫌悪に陥ったこともあります。さらに心配症な私は、お客様の予約が少ないと「毎月の融資金の返済を滞りなく行えるのか」「スタッフへの給料支払いは大丈夫か」と、不安なことばかりを考え、毎日を過ごしていました。

そのころ、東北の大震災が起きました。私の地域では生活の影響はほとんど出ませんでしたが、テレビで報道番組を見ては、悲観的な世相を受け取って、自分もネガティブな気持ちになってしまい、とうとう心が壊れてしまいました。パッションを求めるどころか、もともとの高所恐怖症もひどくなり、閉所恐怖症、パニック症状も併発し、飛行機や鉄道、エレベーターにも乗れず、自動車の運転はおろか、シートベルトで身体を固定することすらできなくなりました。

そんなときに話を聞いてくれたのは、ともに写真の勉強をしてきた写真仲間でした。正論ぶるのでなく、励ますのでもなく、ただただ共感してくれました。

どうしても乗らないといけない飛行機があったとき「ガムを噛んでいたらいいらしい」と買っておいてくれたこと、今でも忘れられません。人を頼ることができる幸せに気付き、家族や親戚が助けてくれていたこと、周りの人の愛情にも気付きました。

それまで、「パッションを持っている」「スタッフを引っ張るリーダーで」「お客様にも認められ」「役に立つ」私だから、人から大切にされると思い込んでいた自分。「何もできない」「人生のアクセルもブレーキも踏めない」弱い私を、支えたいと思ってくれている人がたくさんいることに気付いたのでした。

ようやく、心の鎧戸がガラガラと開き、また陽が差し込みました。

それからは「パッション探しを目的」にする毎日はなくなりました。ただただ、目の前の人の気持ちに寄り添い、また自分の気持ちにも正直であるようになりました。

実は、感情には正負もなく、それに意味付けしていたのは私。心配性で誰かに頼りたい私。繊細でその場の空気ばかり気にしている私。でも1番になりたい私。周りから憧れられたい私。人に何かを教えるのが好きな私。愛されたい私……。自分の気持ちはすべてそのままで宝物だと気づきました。どんなときも魂は喜んでいるのだと。

大きなエネルギーの出口を「ここからしか出してはいけない」と狭めていたのも自分の思い込み。人に好かれるために、できないフリなんかしなくてもいい。図にのってもいい。みんなに好かれなくてもいい。それがわかってからは、仲間のおかげでテレビや新聞に取材していただけたり、企業や地域のセミナー講師をさせていただいたり、たくさんのコンテストで受賞したり。お店を任せられる素晴らしいスタッフたちにも出会えました。

もちろん、お客様にお叱りを受けることもあります。でも、それを心配して恐れるのではなく、振り返り改善するチャンスにしています。小テストで×をつけられたら、なぜ、どう違ったのか考え、次は間違わないようにするのと同じように。

そう。人と人の間で、人間ができていくような気がしています。

私の場合は、たとえ体調が少し悪くても、お客様を前にすると「いい写真を撮ってあげたい」と愛が湧いてきて、撮影が終わるころには体調もよくなっています。お客さんと接すると、エネルギーを与え合える。循環がおき、喜びや幸せで心が満たされていくのを感じます。

そして、循環が起きるからこそ、自分を「心地よくご機嫌に」しておこうと思います。お客様に、元気、エネルギーを与えられる自分でいたいから。そのためにどんなときも、今、自分自身に流れている感情を素直に受け入れて、したいこと、したくないことを感じてあげる。身体も労って大切に。それから可愛く着飾って、褒めてあげる。変化していく自分自身の身体も愛していたい。

「私のことを一番愛してあげられるのは私」だから。

「人に認められたい」で生きてきた私にはなかなか難しい。だから毎日の目標にしています。

そして、「今の自分を認めること」「関わる人に癒しとなる時間をお渡しすること」が、私の人生の目的です。人生の目的は人に認められることではなく、自分を愛するなかにあったのです。

ファインダーを通して「知る」「受け入れる」「認める」

スタッフが増えてきて、お店を手伝ってくれていた母の手が空きはじめました。母は「何か自分にできることで、お客様が喜んでくださることはないか?」と、結婚相談所を開設しました。

私自身も、日本の少子化問題などのお役に立ちたいと願っていましたので、ちょうどよかったと思います。結婚はとても大切なことですので、お店の信用のためにも、きちんとしたシステムを利用して、しっかりとした登録をされた方を紹介できればと連盟に所属しました。

最初はよかったのですが、他の相談所やお客様とシステムを使ってのコミュニケーション、パソコン操作など、高齢になってきた母にとっては難しいこともだんだん見えてきました。

そこで、カウンセラー業務を私が引継ぎました。そのころには、私の代わりに撮影できるフォトグラファーが、スタッフの中に育っていたのです。

私も、婚活写真はよく撮影していました。その際、カメラ越しに「あれ? 昨日の人と今日の人、お似合いになりそうなのに」と思ったことがよくありました。

アプリやマッチングサイトなどを使って、自力で出会いを見つけ出すのが苦手な方、今まで一度も交際をしたことがない方には、お手伝いが必要だということもわかりました。

髪型やお洋服もどうしたらよいか困っておられたら、パーソナルカラー診断もさせていただき、コミュニケーションに自信がない方には、挨拶から練習したりもします。相談は面談だけでなく、いつでも私のSNSを使ってお受けしています。看護師、医師、教員。再婚の方、事業継承される方、婿養子を希望される方など、皆様の人生ストーリーはさまざまです。皆様のお役に立つことができればうれしい、そして活動中も、心軽くなられるようにと願い、お声がけしています。

結婚カウンセラーの仕事は、ファインダーを通してお客様を「知る」「受け入れる」「認める」フォトグラファーの仕事と似ています。会員様に寄り添い、その人自身が気づいていない素晴らしいところをお伝えする。「そのままのあなた」が素晴らしい存在だと気づき、自信を持っていただけたら、「あなた」が出会う人もまた、素晴らしい存在だと気づくことができる。そうして同じスタートラインに立つことができると思うのです。

そう信じて、会員様のお手伝いをすることがまた、私の成長にもつながっています。

人生は自分で描いたストーリー通り

人はみんな、人生を旅している、いつも途中。ここで終わりという日はないと思っています。私の場合、家業の跡継ぎであったことや人生が上手くいかなかったことを全部、両親の責任にして逃げてきたことも、すべて私が描いたストーリーの一部でした。

だからこそ、今は幸せを感じながら、ご機嫌に、「人生という路をお散歩する」と決めました。それでも、心を操縦するのは難しく、ちょっとしたことで「ポジティブ」と「ネガティブ」を行ったり来たりします。

そんなとき、私は人の温もりに助けられることがあります。撮影に来た子どもたちが手を繋いでくれたり、習い事で先生がそっとアシストしてくれたり、社交ダンスをみんなで踊ったりと、実際に手が触れることで、ポッと気持ちが温かくなるのを感じます。ふわふわとした安らぎに満たされます。まるでハグをしているような気分になるのです。

スタジオでは、生まれたての赤ちゃんの撮影のあと、次は100歳のおじいちゃんおばあちゃんが遺影写真の撮影に来られたりもします。たった数時間の間に、一世紀のときが凝縮されていることがあるのです。

当店には「サクセスフォト」という撮影メニューがあります。サクセスフォトでは、先に「こうありたい」と思う自分の姿を形に現し、自分の思いを明確にします。そのため、最初にコーチングします。その際、自分の今までの人生に涙ぐむ方もおられます。

父母という役割を頑張る人、勉強に追われる受験生、老いを受け入れた人。肩を張って頑張っている皆様を前にして、私はハグする気持ちでお迎えしたいと思っています。

人生という名のジクソーパズル、私たちは生まれるときにピースをバラバラにし、それを一つずつ拾い集め、パズルの完成に向かっていく。

その過程は皆それぞれなので「頑張って」と言われたいときもあれば、言われたくないときもある。人はその時々で、かけてほしい言葉が違うと思っています。言葉がいらないときも。

みんなそれぞれの人生という路の途中。持っている地図も過程もみんな違う。すべて素晴らしい路。私もまだまだパズルのピースを集めている途中。きっと永遠に。

これからも出会う人や出来事を楽しんでいきます。感謝しています。

Message

あなたへのメッセージ

悩みや迷い、挫折が訪れても。
それは「人生」という旅の途中。
歩みを止めなければ、いつかあなただけの
素晴らしい「パズル」が完成する。

長谷川久代さんへの
お問合わせはコチラ

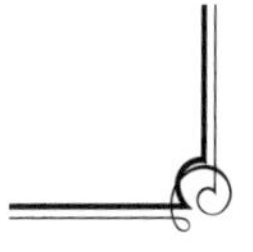

CUZN合同会社 代表
飲食店／イベント貸し／古民家再生

フォスター美樹

閑古鳥が鳴く土地を次々と再生！大切なのは「好き」を信じる気持ち

Profile

1961年仙台生まれ。1986年に文京区湯島にてカウンターバーを開業、1991年に閉業。1993年に結婚するが、7年後には離婚。離婚をきっかけに、2001年に浅草1丁目にカフェバーをオープン。当初は苦しかったものの、テレビや海外メディアに取り上げられ、人気店に。そのほか、カルチャースタジオやライブハウスなどを手がけた経験を持つ。2019年から茨城県鉾田市に古民家を購入し、再生事業をスタート。

1日の
スケジュール

Morning

10:00 再生中の古民家のガーデン仕事
もしくは、24時までの間に店舗業

16:00 犬と海辺を散歩

19:00 風呂

20:00 夕食

23:00 就寝

Afternoon

今日に至るまで、導かれるまま、進んで来ました。今でも、導きを信じて歩み続けています。

不安より、馳せる気持ちのほうが大きかった

ある日、7年間続いた結婚生活に終止符を打とうと思いました。突然のことでした。これからの人生は自分一人で生きていきたい。どうしても、我慢できなくなったのです。

そのとき、私は39歳でした。離婚するからには、働かなくてはいけません。

今からずいぶん前の話ですので、そのときは、現在のような求人サイトなどもありませんでした。そのため、分厚い求人広告冊子を、片端からめくっていきました。ところが、気になる求人を見つけても、年齢制限が「35歳」まででした。

私には、当時、小学校3年生になる息子と、ゴールデンレトリバーがいました。犬を連れて歩くので、普段から人の少ない道を選んで歩いていました。求人が見つからず、どうしようと思っていたころ、たまたま「貸店舗」の札がかかった空きテナントを見つけたのです。

――そうだ、犬と一緒にカフェをやろう！

さっそく電話をかけ、条件を確認しました。全財産を投入すれば、支払える金額でした。その後は、姪っ子に連絡をとりました。彼女は25歳であるにもかかわらず、定職に就いていなかったのです。「住み込みで、新しい店を一緒に立ち上げないか？」と聞いたところ「何なに、おもしろそう！」と彼女は快諾。

――これしかない、これはきっと導きなんだ。

不安より、馳せる心のほうが大きかったです。気づけば、2週間後には賃貸契約を結んでいました。

以前から、自分のデザインでお店をつくりたいと思っていた私は、およそ2カ月かけて、店舗の改装にのめり込みました。店頭には、立派なウッドデッキも設置しました。

「素敵！」

完成後、しばらくは一人で自己陶酔に浸っていました。しかし、ふと、懐を見ると、残りのお金は、３カ月分の維持費用くらいしかない状態だったのです。

「やばい！」


そこからは急ピッチで準備を進め、メニュー開発にも取り掛かりました。

目玉商品は、当時有名だったコーヒーチェーン店が使用している、とてつもなく高額なエスプレッソマシーンを使ったカフェメニューです。今では当たり前になっていますが、そのときは珍しかった、カプチーノの抹茶フレーバーや、アーモンドシロップを入れたものなど、さまざまなものを用意しました。

「朝から朝まで開いています」というキャッチコピーと、犬がデッキで待っている写真を貼り付けて、フライヤーもつくりました。

しかし、待てど暮せど、お客様はやって来ません。暇な毎日が1カ月ほど続きました。

「おねーちゃん！　ちゃんとリサーチしたの？　誰も通らないじゃない！」

「うるせー！　こんないい店なんだから、絶対に見つけてくれるはず！」

こんなふうに、姪っ子とケンカをすることもしょっちゅうでした。

お客様が来ないことには、やることもなく、とにかく暇だったので、フライヤーを店の中でつくれるよう、パソコンを設置しました。サービスが開始されたばかりの、ケーブルテレビのインターネット使い放題にも加入しました。その日のメニューをその場でつくり、無料チケットも添えてプリントし、店頭のデッキでそれらを配りながら、お客様を待ちました。

運よくお客様が来店することがあっても、ポツリポツリ。「CAFE BAR」と銘打っていたのですが、まだまだ日本人には馴染みがなかったのも要因でしょう。

でも、信じていました。

「私が最高に陶酔できたお店。こんな素敵なお店なんだから、きっと、いつか人が集まるはず」

ひとまず、看板を設置しました。山型の黒板の表面には日本語を。裏面には英語で「FREEINTERNET！ BEER！ CAFE！ MUSIC！ DOG！」などなど。

すると、他店で「入店お断り」と言われ、行き場を失った外国人観光客が、徐々に来店するようになりました。それと同時に、浅草の大手ホテルが「あのお店に行けばインターネットが使えるよ」と外国人観光客を誘導してくれたことで、客足が一気に増えたのです。

さらに、ゴールデンレトリバーが店先でお客様をお出迎えしていることも、お店によい影響を与えました。彼女は、普段は「置物か？」と思うくらい大人しく寝ているのに、人が近づいた瞬間、むくっと起き上がり、これまたお客様を店内に誘導してくれるのでした。

こうして、たくさんの犬好き・犬連れのお客様もお見えになるようになりました。黒板に店名を書いていなかったこともあり「初めての外人バー」「初めてのインターネットカフェ」「初めてのドッグカフェ」など、さまざまな称号を勝手につけていただきました。外国勢と話をするのも、店内にあるパソコンが役立ちました。

また、お店は桜で有名な観光地から、とても近いところにありました。シーズン中は、またまたたくさんのお客様に恵まれました。お花見にぴったりなテイクアウトメニューを用意したり、お花見の帰りのバータイムを利用してくださる方がいたりと、そのころには満員になる日も増えてきました。３カ月分の維持管理費を使い切ったころだったので、ぎりぎりセーフ！

この地域には、５月に10万人を集客するお祭りがあります。しかも、祭で使用される神輿の休憩所が、まさかのお店の目の前でした。担ぎ手は近くでトイレを借りたい。お店にいるお客様は、間近に神輿が見られる。「あそこへ行けばトイレを借りられるぞ」「あの店から、神輿が見られるよ」と、これらが宣伝になり、祭後も、祭をきっかけにお店を知った人が続々と来店するようになりました。

祭の後は、テレビ取材も入りました。お店の常連のアメリカ人が、実は有名なダンサーで、その人がダンスする様子なども放送されました。その後は、彼に会いたい人たちがたくさん訪れるようになりました。このような、相乗効果が繰り返される毎日でした。

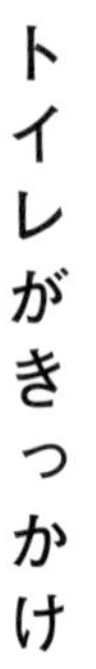

トイレがきっかけで

ある日、大きな体つきの外国人がやってきました。彼曰く、借りているアパートのトイレが、和式で困っているとのこと。そこで「毎日トイレを使いにきていいよ」と言うと、本当に毎日来店するようになりました。彼は、日本人の恋人と結婚するため、来日したと言います。しばらく日本に住む予定ですが、日本語がまったくできず、仕事が見つからないそう。聞けば、料理人だとか。おぉ、これはラッキー！

「仕事が見つかるまで、うちで働いていいよ」

こう言いつつ、実は、私は心の中でホッとしていました。だって、料理ができる人が入れば、私もようやく休みが取れるから！　こうして、初日にもかかわらず、私は彼に店を任せて、さっそく出かけました。店にいる彼から、何度も、何度も電話がかかってきました。

「何？『お客様の日本語がわからないから、みんな帰ってしまいます。このままでは僕はお給料をいただけません』『すぐに帰ってきてください』だって？　大丈夫！　メニューを見せて、指差せばどうにかなるよ！」

残り6時間、頑張ってね！　彼には悪いけれど、見ている私はとっても面白かったです。

それでも、さすがは料理人。お店は彼が作る美味しいパンやケーキなど、カナディアンフードで溢れました（彼はカナダ人）。こうして、お店のほとんどのメニューを、ホームメイドに切り替えることができました。

外国人スタッフがいることで、海外からのお客様もさらに増えました。たいていの外国人は、テラス席のウッドデッキが大好き。そして、どういうわけか、デッキで外国人がビールを飲んでいると、それに誘われるようにして、続々とお客様がやって来るのです。カジュアルな店内かつチャージもない。お客様は老若男女、そしてお犬様も、いろんな属性の人が来店しました。さまざまな雑誌で取り上げられ、しまいには、犬までもがテレビ番組に誘われました（笑）。

やっと、ホッとした

1周年を迎える前に、大晦日とお正月がやってきました。周囲のお店はどこも開いていなかったので、参拝を終えたお客様が、ぞろぞろと来てくださいました。

——ここまで来れば、大丈夫。

お店のみんなを支える、柱になろう。そう誓った瞬間でした。すべては導かれるまま、ここまでやって来ました。オープンから1年経つころには、周囲に何軒もドッグカフェがオープンするなど、ちょっとしたブームになっていました。お店の裏側には、インターネットカフェも登場しました。

1周年を終えた後、オープン間もないころから、時々お店を手伝ってくれている男の子が「ワールドカップが、日韓共同で開催されますよ」と教えてくれました。彼は、バーテンダーであるため、お酒に詳しく、大のサッカーファンでもありました。

そこで、地域で初めて、ギネスの生ビールをメニューに追加。開催中は、壁を大きなプロジェクターにして、試合を映しました。すると、ある旅行会社が「サッカー観戦ができるお店」としてツアーに組み込んだようで、朝から50人以上が開店を待っていたこともありました。店内に収まりきらないので、ソファーやテーブルを表に出し、全員で体育座りをして観戦したのはいい思い出です。そばには、ギネスの空樽のタワーができていました。

ワールドカップが終わったころには、海外の出版社「ロンリープラネット」がお店にやって来ました。うちのお店に対する、ファンレターの数が尋常じゃないということ。こうしてロンリープラネットのガイドブックに掲載された結果、訪れる国籍が多種多様になり、来客数もぐんと増えました。ロンリープラネット、すごい。

お店が2周年を迎えるころ、お店を通じて3組ほどカップルが成立していました。姪っ子にも、恋人ができました。お相手は、イギリスから帰国したばかりの幼馴染。彼が「いい感じのお店があるな」とたまたま来店したところ、姪っ子と偶然の再会を果たしたというわけです。もともと、姪っ子とは「3年は絶対にやめるな」という約束を交わしていました。当時は定職にも就いていなかったため、彼女を想ってのことでした。彼女も「約束通り、あと1年働く。あと1年働いたら、結婚する」と言いました。そして、子どもを授かり、3周年のころ、晴れて寿退社となりました。

いつもぎりぎりを歩いてきた

一方で、姪っ子が抜けてしまい、私はお店の存続をどうすればいいか、悩んでいました。そのとき、私は42歳です。店の繁栄も、これで終わりかなぁと思っていました。ちょうどそのころ、バーテンダーの男の子が「相談がある」と尋ねて来ました。彼に「店の契約は更新するのか」と尋ねられたので、「迷っている」と、正直な気持ちを伝えました。すると、彼は「俺を雇ってくれ」と一言。

「ありがとう！」

これで、またやる気が出たぞ、まだまだ頑張れる。「もう一人、雇ってほしい人がいる」とのことで、従業員が一気に2名も増えました。27歳と26歳の男子二人が増え、新メニュー開発にもどんどん取り組みました。無事に店の更新も完了し、お店は気合十分な二人に任せ、私はアメリカ人ダンサーの彼と、イベント事業もスタートさせました。楽しい！　楽しい！　あのときまでは……。

——がんですね。

突然、病院でそう告げられ、のどの手術が決まりました。2カ月後の退院時には、声も出ず、飲食するのもはばかられました。つらくて、表からは、退くことを考えました。「引退したい」「田舎で療養する」そう、お店を任せている男子二人に告げました。すると、

「音を売るお店をつくりましょう」

美樹さん、音楽が好きだから。音を出せば、声を出す必要もない、と。

帰宅後、さっそくインターネットでテナントを探しました。条件は、敷地面積は最低50坪、毎月の家賃が15万円ほどの格安物件。場所は観光地。少し難しいかなと思いつつも、「検索」ボタンを押すと、秋葉原で2店舗ほど見つかったのです。その後は、即内覧へ。こうして、46歳、手術後にして、また新しいお店のオーナーとなりました。

クラブ仕様のそのお店には、レコーディング機材やさまざまな楽器を入れました。ジャンル分けなんて、私の考えにはありませんでした。あえて言うなら、ノージャンル！「ここで演奏したい」という人には、誰にでも場所を貸していました。かつて、初日からお店

に置いてけぼりにしたカナダ人コックも駆けつけてくれ、人気メニューも完成しました。トイレはＶＩＰルームのように大きくつくり、ドアノブには外国製の大きなシャワーヘッドをつけました。店舗をデザインするのが好きなのは、初めてお店をつくったときから変わらず、このお店が有名な雑誌に掲載されることもありました。人様のお店のデザインも、4店舗引き受けました。プロデュースしたお店は、合計11店舗にのぼります。

でも、ずっと問題を抱えていました、大家さんとの関係です。お店がうまくいくほど、嫌がらせがエスカレートし、最終的には、一度すべてのお店を閉めることを決意しました。また一からのスタートです。ですが、怖くはありませんでした。

今、やり直して10年が経ちました。当初はシャッター街だった商店街の真ん中に、お店を置き、無理矢理24時間営業しました。現在では周囲に大型ホテルが並び、上から見ると、私のお店が「へそ」のような立地になっています。

「やってみたい！」の気持ちが最大の徳を導きます。そして、自分と関わる人たちとの時間を楽しむだけで、自然と次の導きがやって来ます。いつでもぎりぎりでしたが、反対に、それが功を成したこともたくさんありました。現在22周年。２０１９年には茨城県鉾田市に古民家を購入し、また新しいことを考えています。まだまだぎりぎりを突き進みます。更なるラッキーを求めて！　あなたも必死になりましょう。ぎりぎりに期待大、ですよ。

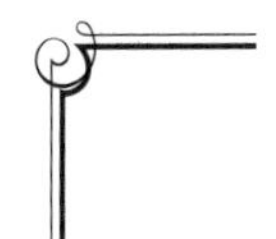

Message

あなたへのメッセージ

貴方の美しい
やりたいことを
続けているだけで、
運がどんどん巡ってくる。
まずは、
あなたにとっての
導きを信じてみて。
ありがたいよう。

フォスター美樹さんへの
お問合わせはコチラ

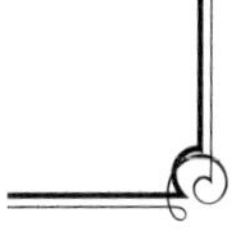

株式会社アイズ・株式会社アイム・株式会社octet 代表取締役
建築業／不動産業／飲食業／エステサロン

福本真衣

離婚を機に「無知だった私」と決別 人の何十倍も努力したと 言い切れるからこそ掴んだ、複数業種での成功

Profile

1986年、愛知県出身。大学在学中から、父親が経営する製造業にて経理事務・役員秘書を兼任し、経営のノウハウを学ぶ。その後結婚、離婚を経験し、自立をめざすために独立。現在、不動産業・建設業・飲食業・エステサロンを経営している。2022年ミセス SDGs 岐阜代表。日本大会ファイナリスト。

1日の
スケジュール

Morning

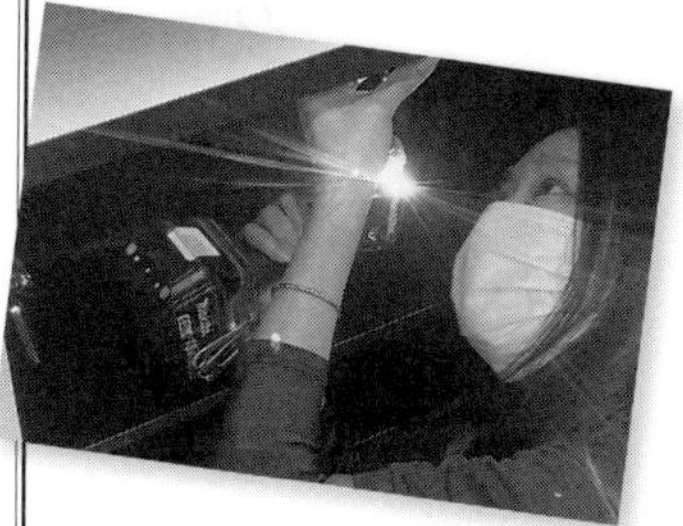

7:00 起床・メールチェック

8:00 売上チェック

9:00 建築案件打合せや不動産売買商談

15:00 サロンで施術を受ける

17:30 帰宅

18:30 お客様と会食

21:00 飲食店出勤

1:30 帰宅

2:30 就寝

Afternoon

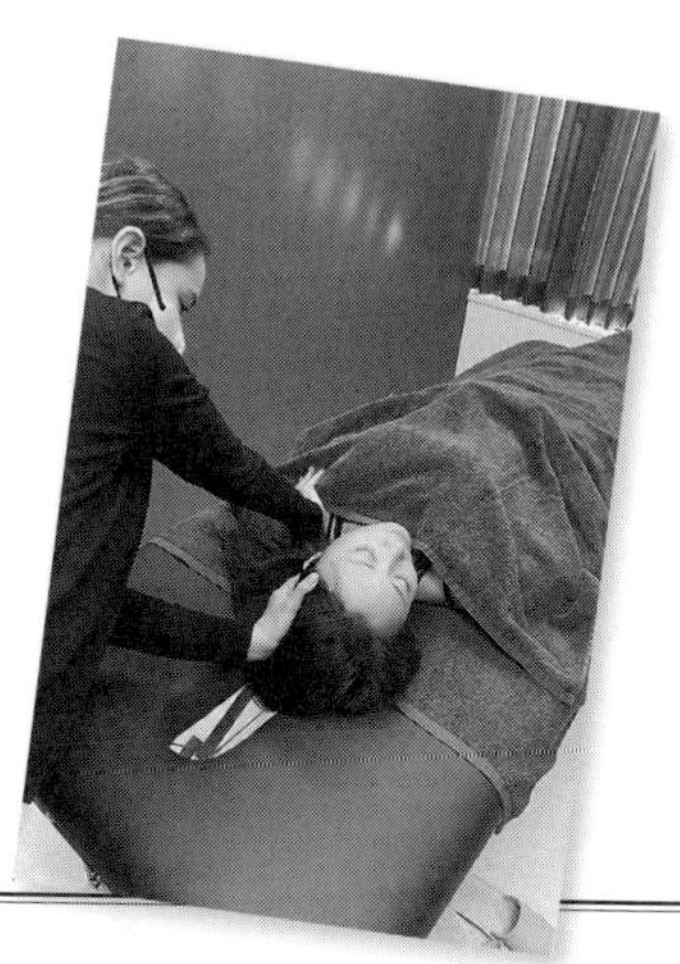

果たしてこのままでいることが幸せなのか

21歳の大学生だった私は、世間知らずで未熟でした。当時お付き合いをしていた17歳年上の男性と、親に反対されたにも関わらず、結婚をしました。大学4年生になってすぐのことでした。当然、就職もしませんでした。育った家庭環境が少し複雑でしたので、あたたかく、幸せな家庭を築きたいと望んでいました。だから、誠実な彼にプロポーズされたときは喜んで承諾しました。卒業後はすぐに子どもを授かり、望んでいた幸せな生活を送ることができると思いました。そしてこの幸せが、ずっと続くものだと信じていました。

しかし、若さゆえに私はまだまだ好奇心旺盛でしたし、彼の正義をすべて受け入れることができませんでした。そして、元来の私の気の強さと、彼の支配欲の強さは反発してしまい、結婚生活は上手くいきませんでした。

果たしてこのままこの人と一緒にいることが幸せなのか、疑問を感じはじめていましたが、そのとき子どもはまだ2歳。小さい子どもを抱えながら、父の会社で働かせてもらっていた私の収入は決して多くはありませんでした。そのため、当時から経営者だった主人に、生活のほとんどをまかなってもらっていました。どうにかしてお金を稼ぎ、自立しなければと思ってはいましたが、自分の今の収入では子どもに不憫な生活をさせることになるのではないかと、離婚する踏ん切りがつきませんでした。

そのころ出合った本がありました。キム・キヨサキさんの「リッチ・ウーマン」です。この本を読んで「経済的に他人にコントロールされたくないと覚悟を決めれば、女性でも自立ができる」と勇気をもらいました。そして「女性にも権利があり、誰にも指図を受けず、自由に生きることが幸せなんだ」と感じました。この本で初めて、労働所得のほかに「不労所得」というものがあることも知りました。

それからは、全力で勉強しました。日中は勉強する時間がなかったので、朝4時に起きるなどして、時間をつくりました。「収益不動産を買えば、安定して家賃収入が入るのでは？」と考え、仕事をし、育児もしながら宅地建物取引主任者の資格を取りました。ただ、資格を取るだけでは商売にはなりません。すでに不動産業で成功している友人に相談にのってもらったり、東京で不動産業を営んでいる親族に会いに行って、情報収集したりもしました。とにかく、自立して安心・安定を築きたかったのです。

しかし、何事もすぐには思い通りになりません。「資格さえ取れば、商売になる」とまでは思っていませんでしたが、自分の中の理想と現実の格差が広がり、葛藤に悩む日々が続き、そのころから睡眠障害になりました。結果を急ぐあまり、危ない物件に手を出しそうになることもありましたが、私の努力する姿勢を見ていた友人や親族がアドバイスをくれました。何十件・何百件と物件を見て回り、シミュレーションをしました。そしてようやく人生で初めて借金をし、収益不動産1棟目を手に入れました。当時26歳、ここから私の起業家としての人生が始まりました。

まずは覚悟を決めること。そして、そこに向かって人の気持ちを動かすほどの努力をすること。もし未経験の分野に挑戦するときは、自分自身もしっかり勉強したうえで、専門分野の方に話を聞いたり、情報収集したりすることが大切だと感じました。

伸るか反るか、判断をするのが経営者

運気が変わる、とはこういうことを言うのかと今でも思います。

ちょうど1棟目の収益不動産を購入しようとしていたころ、並行して会社を立ち上げる準備をしていました。そのとき、私の父の友人の息子で、当時、個人事業主で建設業を営んでいるHさんという人が、個人事業を廃業することになりました。彼は職人気質で真面目な方でしたので、私とは違うタイプでした。

そんな彼と、私は組むことにしました。不動産業を立ち上げるなら、建築業も一緒にしてしまったほうがいいと思ったからです。

もともと、Hさんの個人事業は店舗設計専門で、事業規模も決して大きくはありませんでした。そのため、当時、周りの建築会社関係の社長たちは、私がHさんと組むこと、建築業に参入することを、正直馬鹿にしていたと思います。

私は負けん気が強かったので、私自身はもちろん、共同経営者であるHさんも馬鹿にしてほしくない、絶対成功して見返してやろうと決めていました。

当初会社は私とHさんの二人しかいなかったので、私は、昼は事務仕事や外周り営業を

し、Hさんは打合せや現場管理。夜は二人で店舗などの室内工事の打合せや、施工管理、雑用をしていました。会議は移動しながら行い、お互い朝方まで働くこともありました。

そのころには、私はすでに離婚していたので、とにかく何かをしていないと不安で仕方なかった記憶があります。

また、もっと売り上げを上げたかったので、製造業などの新規の法人口座の獲得にも奔走しました。そのとき26歳。肩書きは建築会社の社長。当時、建設業で20代女性社長というのはめずらしく、接待をし始めたら、瞬く間に引っ張りだこになりました。

もちろん、大手会社の社長や役員と対等に話せるよう、彼らの趣味をリサーチし、勉強しました。ゴルフや麻雀は経営者の父から教わっていましたが、その他にも大河ドラマ、ジャズ、スポーツ、法律、歴史など、どんな話題も対応できるようにしました。

営業活動だけではなく、建築の仕事の話になれば、Hさんの丁寧な対応と知識、提案力が相まって、一つ、また一つと法人口座の獲得に成功しました。

そうして信用をつくっていくと、その会社の社長が知り合いの会社を紹介してくださり、紹介の連鎖が起きました。ご紹介いただけること、仕事ができることに、本当に感謝しかありませんでした。工場は土日や大型連休に施工をするため、休みはありませんでしたが、現場がいただけることがうれしくてたまりませんでした。今でも私は、ヘルメットや安全ベストを着用して現場打合せに行きます。

現在は、売り上げの約８割が法人のリピートのお客様です。

不動産業に関しても、今は何棟か不動産を持ちながら、不労所得を得ています。そして私が所有する物件を建築会社が管理するという図式が成り立ち、建築会社・不動産会社は社員も増え、創業して10年が経ちました。

アンテナを張っていると、おのずとチャンスに巡り合えます。そこで伸るか反るか、判断をするのが経営者です。そして、一度決断したら、覚悟を決めて全力で突き進む。その先に違う世界が見えるのではないか、と思います。

「待ち」の商売の恐怖

飲食店は比較的、起業しやすい業種かと思います。ただし、軌道に乗せるとなると、少し話は異なってきます。

私は現在、ラウンジを2軒と、ガールズバー1軒を経営しています。飲食業界は参入して9年目になります。

創業したきっかけは、製造業の社長である私の父や、建築・不動産会社関係の仲間内で接待にも使える都合のよいお店が欲しくて、私も含めて共同で出資したことが始まりです。みんな、自分たちの本業と並行して飲食店も経営することになるのですが、正直、飲食業界を舐めていました。自分たちの本業に比べたら簡単だと思っていたのです。

もともと、自分たちが都合よく使える店があればよいと考えていたのですが、毎日は行けませんし、結局、出資者が自分のお店に自分でお金を払わないと経営が回りませんでした。それに、同じ店に行くのもだんだん飽きてしまいます。

当初の状況について、私も毎日お店にいたわけではないので定かではないですが、おそらく、まともなスタッフ教育もできていませんでした。最初は出資者たちの付き合いで来ていたお客様も、だんだん足が遠のくようになっていました。私は数字のみを見ていたのですが、オープンしてから2カ月後には、ほとんど毎日が赤字でした。それを見ていると飲食業という「待ち」の商売の恐怖を感じました。

このままではせっかくつくったお店が、すぐにつぶれてしまいます。

そこで、お世話になったお客様に声をかけ、来ていただけるときは私もお店に行くようにしました。お昼の業務に加えて、夜も働くことになり、体もボロボロになりかけました。ですが、そんな私の姿を見て、お客様がまたご紹介の方を連れて来てくれるようになりました。

それに対しておもしろくなかったのが、オープニングスタッフたちです。一人を除いて全員辞めてしまいました。

もちろん、一人になっても諦めない覚悟はあったので、一人でお店を切り盛りしながら、お店の閉店後には、スタッフのスカウトへ出かけました。そのころスカウトしたスタッフは、現在も幹部として働いてくれています。

それからはスタッフもどんどん増え、毎日満席になる日が続き、いつの間にかお客様からも「繁盛店だね」と言われるようになりました。

そして、オープンから2年後、1軒目と同じビルに2号店を出すことになりました。2号店がオープンして、約2年後、創業当初の出資者の方たちにも認めていただき、私がこの店の株式をすべて買い取る形となりました。

コロナ渦では飲食業界、特にラウンジのような形態ではたくさんの選択と決断を迫られました。感染のリスクを抱えながらも営業すれば叩かれ、休んだら国からのキャストの保障はありません。

正解はわからなかったのですが、最終的には自分の判断にスタッフがついてきてくれると確信していました。結果的には規制が緩和されてもスタッフが離れることなく、営業できました。そしてまた新たなチャンスに巡り合い、昨年12月に3店舗目のお店をオープンするに至りました。

逆境に立たされても諦めない、やれることを全力でやること。先のことはわからないけど、今できることを精一杯やること。それが人の心を動かし、応援してくれる力になると感じました。

かっこいい社長でありたい

昨年、エステサロンもオープンしました。

きっかけは2022年に初めてミスコンという舞台を経験し、ずっと男性社会にいた私は、衝撃を受けたからです。こんなにもたくさん美しい女性がいる。そして、美しい人は強く、自信に満ち溢れている、ということに……。

そのため、もし、見た目や体型にコンプレックスを抱えている女性がいたら、綺麗になることで自信を与えてあげたい。そう思い、結果にこだわったエステサロンをオープンしました。

実際、通ってくださっているお客様は痩せたり、お肌がきれいになったりすると、立ち振る舞いや、お顔つきまで変わってきます。自身の外見に対する自信が、自立、ポジティブ、そして目標を達することにつながると考えます。そこからオーラが発せられるのです。

思い返せば、この10年、私は未経験の分野ばかりで起業し、今も、継続して会社を経営しています。私自身は技術も職もないので、ある意味、職種にこだわりがないのかもしれません。

けれども、勉強は人一倍し、努力は人の3倍はします。そうしないと不安に駆られるからです。努力なしにはビジネスは成功しません。成功のきっかけは、まずこのビジネスが、「誰に」、「何を」、「どうやって提供し」、「どのように収益をあげるのか」（＝ビジネスモデル）を熟考し、覚悟と情熱を持って突き進むこと。そして、現状の何倍でも何十倍でも努力さえすれば、自身の手でしっかり稼げるようになります。

そして、何よりも忘れてはいけないこと。それは、謙虚でいること、感謝の気持ちを忘れないこと。これは当たり前のことのように思うかもしれんが、一度プチ成功をすると、人はおごり高くなるものだと思います。

私も、男性の経済的援助を受けずに、比較的若く女性経営者として確立したほうでしたので、いろんな方に褒められました。嫉まれたこともあるかと思いますが。それも含めて、他にはできない、私の努力で得た力だと思っていました。

ただ、自分自身を見つめ返すと、何の専門知識も特技もなく、いつも人に頼り、助けられていました。経営は一人ではできません。私のできないことを社員さんが補ってくれて成り立っています。また、私をこの立場に導いてくれたたくさんのお客様、子どものことを含めて、私のサポートしてくれている家族たちには本当に感謝しています。この場を借りて感謝申し上げます。ありがとうございます。

経営には、強靭なメンタルも必要です。ビジネスは一度成功したからといってそれが長く続くとは限りません。

大体は会社規模が大きくなると支出も大きくなります。そこで売り上げが落ちれば毎月、毎月、通帳の残高が減っていきます。そんなとき、自分の精神や感情をどうコントロールするのか、その恐怖に打ち勝つメンタルが必要です。私の場合まずは体をケアし、あえてたくさん睡眠をとることで、しっかりした脳で対策に挑むようにしてきました。今でも、規模はさまざまですが、成功と失敗の繰り返しです。

いったい、何のためにこんなにも苦労しながら、挑戦し続けるのか。

創業当初、私は自立することに必死でした。その結果、たしかに自立できるようになって、自由な時間や選択肢が増え、交友関係が変わり、世界が変わりました。これは私が長年めざしてきた目標でした。だから、ある程度安定すれば、わざわざ新しいことをやらなくてもいいはずです。

しかし、私は挑戦をやめません。

その理由は社員にあります。今、私の会社の従業員は50名程ですが、この子たちにとって怠けることのない、かっこいい自慢の社長でありたい。一生懸命働いてくれる従業員を守るために、力が欲しい、それがモチベーションになったのです。

そして、働く社員さんとともに成長し「この会社にいてよかった」と思われるような会社をつくっていきます。

そのために私は、これからも挑戦し続け、上り続けていきたいと考えています。

Message

あなたへのメッセージ

覚悟と勇気、
情熱と努力があれば
現状は変えられる。

福本真衣さんへの
お問合わせはコチラ

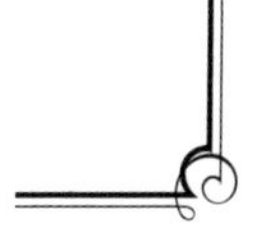

南大門グループ 代表／GOGOCOFFEE 代表
飲食業

藤原麻世

最後の1店舗になってしまった焼肉店をV字回復！初のコーヒー事業で行列店年商数億人気グループ事業の思考法

Profile

1970年京都市出身。二児の母。大学卒業後、ハワイへ留学。留学中に父の闘病のため帰国。父亡き後、母が代表を務める株式会社第一物産に勤務。その後、海外部門の釜山グランドホテルに子連れで渡韓。帰国後、焼肉南大門事業部に勤務。飲食ブランド多数立ち上げ、セントラルキッチン、韓国総菜や和牛商品の物販事業部を設立。現在、株式会社第一物産部長、南大門グループ代表。個人でコーヒー＆スイーツ、観葉植物事業も起業。

1日の
スケジュール

Morning

6:30　起床　SNS管理

7:00　家事・犬の散歩

9:00　出勤

13:00　店舗回り

20:00　夕食

22:00　ジム

25:00　就寝

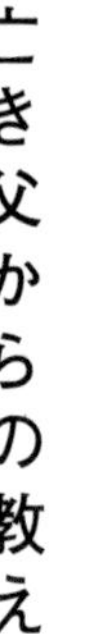

亡き父からの教え

戦後、アミューズメント業・飲食業、不動産事業・ホテル事業を一代で築いた父の亡き後、兄弟姉妹五人で事業を引き継ぎ、代表は母が務めました。

最初は秘書として母のサポートをしていましたが、時代の流れでやむなく事業を縮小することに。父の最後の夢であった韓国釜山のリゾートホテルも売却することになりました。

生前、父はいつもホテル事業への想いを熱く語っていました。そのため、いても立ってもいられず、売却（M&A）先が見つかるまで、幼い息子二人を連れ、釜山に出張することを決意しました。

渡韓後はM&Aのための顧問と、売却のサポートをする傍ら、ホテル事業もこなしました。現場に入ることで、ホテルスタッフとの交流を深めようとしましたが、既に売却の噂がたってしまっていました。そのため、私が清掃業務をしていると「掃除なんかしていても、意味がない」などの陰口を言われることも多く、受け入れてもらえませんでした。

それでも、毎日一人で黙々と室内プールやサウナの清掃をし、勤務後はスタッフに日本語レッスンを行いました。そうして徐々に交流を深め、一人、二人と掃除をともにしてくれるスタッフが増えました。日本語レッスンは「回数を増やしてほしい」と言われるほど人気になりました。地道な努力は絆を深め、状況を好転させると実感しました。

一方で、一部の過激な労働組合が活動しはじめ、団体が大声を上げながら急にオフィスに乱入してくるという事件もありました。あまりの恐ろしさに恥ずかしながら、ひとまずトイレに逃げ込んだこともありました。

滞在している間は地域へ貢献したいと思い、孤児院を訪問し、子どもたちをホテルのディナーショーやプールに招待したり、施設にパソコンを寄付したりしました。そういった活動が結果的にホテルの価値を高め、労働組合の鎮圧にも繋がったと思います。

プライベートでは、当時、幼稚園児だった息子二人は釜山の幼稚園に入園、親子で長期滞在となりました。平日の退勤後は近所の食堂で親切なおばさんに息子二人の子守をしてもらいながら、急いで食事をする慌ただしい日々を過ごしていました。それでも、休日は息子たちを公園やアスレチックに連れて行き、親子の時間を大切にしていました。

売却はなかなかスムーズにいかず、苦労しました。ひっきりなしにいろいろな人から「会いたい」と連絡が入りましたが、韓国は詐欺が多く、ホテルを購入したいと希望したほとんどの会社が、実は資金力がありませんでした。

追求していくと、ホテルを購入できるくらいの資金力がある会社は、たった一社でした。一年後、その会社と、ホテル営業と全スタッフの雇用維持を約束した契約で、無事に売却しました。

M＆Aの顧問の仕事を間近で見て、真偽を見極める方法を学ぶことができました。最後は、ホテル運営と従業員の雇用の契約を無事に交わし、スタッフの皆さんに挨拶をし、涙の別れで釜山を後にしました。

「スタッフは家族である」と父はいつも言っていました。人との関係に悩んでも自分が変わることで状況は好転します。粘り強く頑張ることが大切だと、改めて感じた経験でした。

最後の1店舗をどう立て直すか

帰国後は「焼肉南大門」を任されました。焼肉南大門は昭和32年に亡き父が創業した焼肉店です。和牛焼肉を濃いタレで味付けし、焼いた後はダシ系のつけダレで洗ってから食べるという「洗いダレ焼肉」を京都で確立していました。

しかし、父が他界した後、担当者がころころと変わり、5店舗あった大型焼肉店は1店舗に縮小されてしまいました。帰国した当時、店を任されていた妹が出産によって働けない状態であったため、ピンチヒッターという形で私が担当することになりました（後に姉妹が一緒に頑張ってくれています）。私は当時飲食店経営の経験がなく、大赤字だった南大門をどうやって立て直せばいいのかわからず、試行錯誤しました。

まず、昼夜とも現場に入り、接客や清掃に勤しみながら現場の状況を把握しました。そして、人件費削減のため、適正な人数と優秀な人材を選抜しました。なるべく雇用は維持しようと、他部門への異動を依頼する形で人員を配置しました。けれども、異動した先の職種が合わず、結果的に退職を希望されることもあり、私もとてもつらく、苦しかったです。

次に、品質の良い和牛を提供するため、清潔で丁寧な肥育農家を選びなおし、取引をしました。一口に和牛といっても優劣があり、資金繰りが厳しいため、あまりよいとは言えない環境で肥育されている農家さんもいるのです。

そのほかにも、引き続き取引している精肉業者とも交渉し、適正な価格での仕入れ環境をつくりました。

このころ、ちょうど定年だったシェフに代わり、祇園でかつて一番だった焼肉店の名シェフに出会い、手伝っていただくことになりました。

この時期は本当にいろいろな苦労がありました。多すぎる人材を整理するため、時には夜、遠くに住むスタッフ宅まで話し合いのために赴くこともありました。そんな日々を繰り返していたので、睡眠不足で帰りに車をぶつけることも……。

昼は昼で大変でした。子育ても同時進行でしたので、ランチタイム終了後に往復3時間の自宅へ戻り、子どもたちを迎えに行き、食事の用意をし、再び店舗に戻るという慌ただしい毎日を過ごしていました。疲労がたまり、記憶しているだけで二度も救急車で運ばれました。精神的にも、肉体的にもとてもつらかったです。一方で、いろいろな経営セミナーや経営塾に入会し、勉強も続けていました。

その後、店舗の売り上げは徐々に改善しましたが、経営を立て直すにはまだまだです。

そこで、新しいマーケットを獲得するために、お弁当などの物販の売り上げを増やそうと考えました。このころから、デパートへの営業活動を開始しました。

当然、大きなデパートは、すぐに商品を取り扱ってはくれません。催事で実績と信用を積み重ねることで初めて、恒久的な取引ができるようになります。地方回りの催事では、予想以上に商品が売れ、お弁当の白米が足りず買いに走ったり、お客様に並んでいただいたにも関わらず、商品が売り切れてしまってお叱りを受けたりと、アクシデントや失敗談も多くありました。けれども、たくさんのデパートで催事を繰り返したことで、知名度が上がり、長い年月をかけて、南大門の焼肉弁当と肉太巻きの人気が確立されていきました。

人気商品を生み出すためには、素材がよく、美味しい商品を開発するのはもちろん、実際に食べてもらうことが大切です。そのため、何度も繰り返し宣伝し、各地のデパートに出店しました。

また、デパート販売の延長線として、牛串炭火焼きをさまざまな野外イベントで販売し、大ヒットとなりました。野外での屋台販売は、夏はジメジメと暑く、冬は凍えるほど寒く、暴風雨でテントが吹き飛ばされたり、炭火で火傷をしたりと、いろいろなハプニングがありました。今、振り返れば、笑えるいい思い出です。

このようにして、次の店舗展開に繋げる資金を調達しました。

そのころ、あるシェフが体調を崩し、退職することになり困っていました。他の既存のシェフは頑張ってくれていたのですが、新しく店舗を展開するには人数が足りなかったのです。けれども、幸いにも友人を介して新しいシェフとの出会いがありました。

このようにして、これまでの店舗、デパートとの取引、野外イベントなどの結果が少しずつ固まっていき、京都の中心部・寺町商店街に二店舗目のオープンを迎えることができました。

その後はとんとん拍子に、三店舗目となる「京都ステーキ南大門錦店」を、京の台所・錦にオープンしました。こちらは今までの韓国食としての焼肉店ではなく、日本庭園を造園するなど、完全に和のイメージの店内にしました。メニューも、和牛といった和素材を使用し、ご飯と汁物の御前形式で提供したり、ローストビーフ丼を提案したりするなど、新しいスタイルのブランドとして立ち上げました。このころはインバウンドの全盛期。日本人だけでなく、海外のお客様がたくさんご来店くださり「京都に訪れたら、併せて行きたいお店」と言っていただけ、お店の地位を確立できました。

次第に、飲食店経営のノウハウが身についてきた私は、個人事業主として金閣寺のバス停前に自家焙煎珈琲ショップ「GOGO COFFEE」もオープンしました。

これらの経験から、逆境に立たされたときこそ黙々と仕事をこなし、前進するのみ。それを継続すれば、必ず小さな光が見えてくるということを学びました。

石の上にも5年

インバウンドの全盛期、観光ビジネスで日本が浮足立っていたころ、もれなく私も浮足立っていました。一番人気の観光スポットである金閣寺のバス停前のテナントを借りることができました。そのころ、金閣寺エリアは世界中から人が集まるパワースポット的な場所として着目されていたのです。予想通り、オープンした珈琲ショップGOGOCOFFEEはバリスタが淹れるコーヒーが人気になり、多くの外国人観光客、特にヨーロッパ人が検索して立ち寄ってくれ、常に行列ができていました。当時から、Googleマップでの評価で星4・7を獲得していました。コーヒーだけでなく、フレンチシェフ考案レシピの手作りスイーツや、料理研究家とコラボした話題の低糖質・ヴィーガンメニューもメニューに取り入れました。

ハード面にもこだわりました。枯山水をテーマにした店内は、お客様に癒しの空間として親しまれ、設置した400キロの日本杉の丸太（奈良県の山奥から運びました。なんと、男性8人の人力で運び入れたのです！）は非常に珍しく、注目を集めました。必ずと言っていいほど、訪れた人、皆が「Amazing!」と喜びながら、写真を撮っていくほどでした。

さらに勢いづいた私は、新ブランドとして「キンパと韓国総菜のお店南大門」を立ち上げ、大丸京都店にオープンさせました。他店との差別化のため、小さいサイズのキンパ「小キンパ」を開発し、本場韓国の味を再現したお惣菜や、焼肉南大門の秘伝の洗いダレ（焼いた肉をダシで洗って食べる京都焼肉スタイル）など人気の商品を販売しました。同時に、セントラルキッチン部門も南大門店舗横に作りました。

深夜から働いてくれるスタッフのおかげで、商品開発・製造ができ、大丸京都店での運営が成り立ちました。大丸京都店は京都の老舗二大デパートの一つ。抜群の広告宣伝効果があり、ここでようやく南大門の存在を、多くの人に周知することができました。

店舗展開が続き、スタッフのモチベーションも上がり、さらに南大門ブランドを発展させようと意気揚々としていたところに、コロナがやってきました……。青天の霹靂でした。

南大門寺町店と錦店は街中にあったため、売り上げは急降下。大打撃を受けました。繁華街が急に田舎町の様に静まり返り、ロックダウンが繰り返されました。観光地の金閣寺もゴーストタウンと化し、珈琲ショップGOGOCOFFEEもしっかり影響を受け、売り上げも9割減となりました。

コロナ禍での売り上げ確保のため、自宅でも楽しんでいただける物販ビジネスに力を入れることにしました。物販事業部（オンラインショップなど）を立ち上げ、南大門の肉プロが厳選した和牛に秘伝のタレと名物の洗いダレを付けたお肉のセットや、韓国総菜を全国に発送できるようにしました。

コロナ禍でも伸びしろのある分野をいち早く強化したことで、物販事業部は店舗運営をサポートできるビジネスとして発展していきました。幸いにも、２０２２年10月11日に入国制限の大幅緩和を皮切りに、海外の旅行者が日本へ入国しやすくなり、店舗運営もみるみるうちに回復していきました。

事業は同じことを継続するだけではなく、時代の変化に合わせてカメレオンのように変貌できる柔軟性が必要なのです。

ずっと継続していれば「失敗」が訪れることはない

「目標を達成したいけれど、自分の力が足りない」と、お悩み相談を受けることがあります。

一つの解として、自分の苦手な分野を、それを得意とする人に任せることによって、目標達成に近づくことができると考えています。つまり、自分一人で解決しようとせず、さまざまな得意分野を持つ人を集め、チームをつくるのです。それにより、人数以上の成果を出すことができます。私は異なる長所を持つ姉妹や優れた技術を持つスタッフに大いに支えられました。

自分の能力以上の目標に対して、最初から「無理だ」と諦めるのはとてももったいないこと。チャレンジする方法はいろいろあるのです。

一方、チームを組む際はチームメンバーの気持ちを常に理解し、モチベーションを保てるよう気を配り、やりがいを持ち続けてもらうことが大切です。

よく「失敗は怖くないの？」と聞かれます。けれども、自分が諦めない限り、どれだけお店の成績が悪くても、どんな逆境であっても、それは失敗ではないと私は考えています。

反対に、成功に辿り着く前に道半ばで諦めてしまったら、そこで失敗が確定してしまいます。つまり、失敗は自分次第なのです。「成功するまで続けて成功」という言葉の通り、結果が伴うまで、どんな状況でも試行錯誤しながら継続していれば、状況は好転するのです。

困難なときも、回避する策を練り、継続し続ける精神的な強さは必要です。多くの人が逆境に負けてしまいます。「若いときの苦労は買ってでもせよ」というように、困難な状況において問題解決する能力を身に着ける、それを繰り返すことが、成功体験となって自信がつき、精神的な強さに繋がっていきます。

安定したメンタルのためには、日々の癒しも必要です。そのために私は、例えば自然を眺めながら、ちょっと値段が高めの美味しいコーヒーを飲んでみたり、遠出して海を眺めたり、ジムで体を動かしたり、できる範囲で自分の楽しみをつくることにしています。プライベートと仕事のバランスも大切ですね。

一人で出来なくても優秀なチームを作り協力し合い、継続することによって夢は叶います。

読者のあなたにも、楽しく前向きにチャレンジしてほしいと思います。

Message

あなたへのメッセージ

需要のあるビジネスに向かって、
努力を継続し続ければ、
失敗は訪れない。
その際、自分だけでやろうとせず、
チームをアレンジメントするのも
一つの手。

藤原麻世さんへの
お問合わせはコチラ

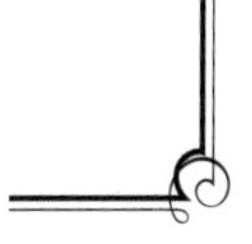

株式会社ミノウェイ　代表取締役
保育園運営

政野美和

思いだけで
突き進んだ
インターナショナル
保育園
すべては「違和感」から
始まった

Profile

1967年、福岡県出身。学歴・職歴・地位など関係ない主婦という立場から、教育に対する熱い思いのみで起業。インターナショナル保育園、英会話教室の運営や英語教材、教育メソッドをオリジナルで作成。2023年2月からは、株式会社へ組織変更。今後は、他企業や有識者とのコラボなど、教材の全国展開や共同研究をスタート予定。

1日の
スケジュール

Morning

6:00 起床・ラジオ体操・朝食

8:00 ウォーキング・出勤・メールチェック

9:00 打ち合わせ・会議

12:00 昼食

13:00 執筆・契約先訪問など・会議

19:00 帰宅・夕食作り

20:00 夕食・お風呂・事務作業

23:00 就寝

Afternoon

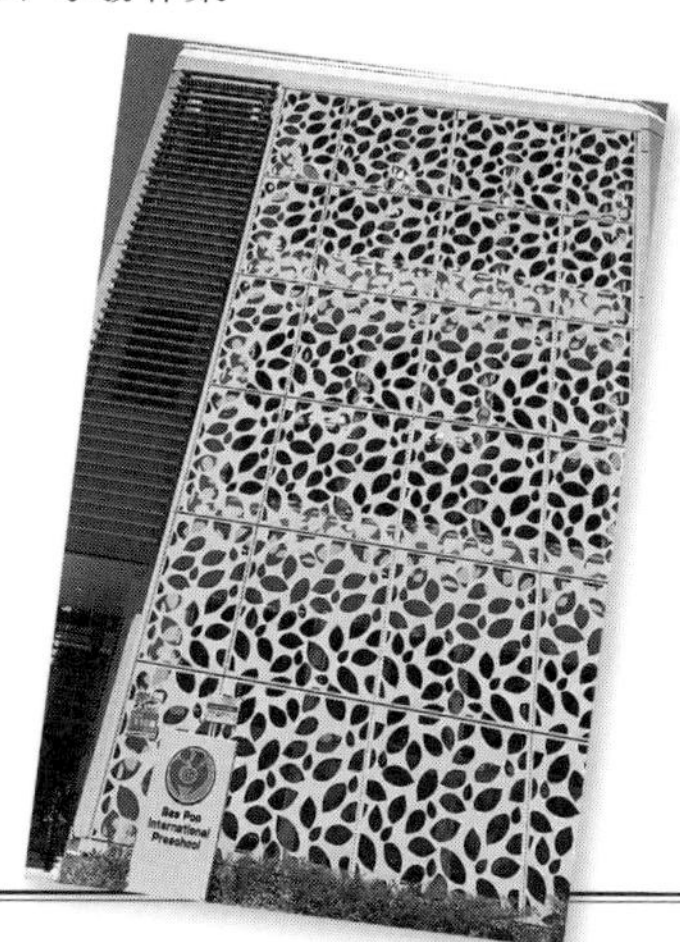

ないならつくろう！

「日本の教育」と聞いて、何を思い浮かべますか？

私のイメージは「受験のための勉強」です。宿題にテスト、学年別に決まった内容の教科書を使って行う授業……。学校の勉強が「面白い」とか「楽しい」とか、感じたことはほとんどなかったけれど、それでも、両親や祖父母にたくさん勉強させられてきました。「跡継ぎの初孫だ」というだけの理由で、過度な期待をかけられていたのです。私は、親の言う通り、素直に勉強をして、いつもよい成績をとって親を喜ばせていたものです。

ところが、中学時代、反抗期に突入した際に、今まで何のために勉強してきたのか、そしてこれから何のために勉強するのかがわからなくなりました。「高校受験もしたくない」と大騒ぎしたのです。最終的に、親とのバトルに疲れて、高校はしっかり受験し、合格。しかし、密かに心に決めていたことがありました。それは「自分が勉強したいと思うまで、勉強しない」というものでした。この決意表明を、入学式後の購買の前で母親にしたとき、みんながいる前で思い切りひっぱたかれたことは、今でも忘れられません。

初志貫徹で高校時代、勉強らしい勉強をしてこなかったので、親にはずっと「変な子に育った」と言われ続けましたが、もう親の言いなりにはなりたくなかったし、あのころは、何もしないことで、自分がやりたいことを探していたように思います。

自分自身が子育てをしているときも、日本の教育内容は同じように感じました。時代によって多少は変化していても、根底にある「受験のための勉強」は変わらず、でした。自分が勉強させられて嫌だった経験から、子どもたちに勉強を強要したことはありません。

その後、社会人になってから、今度は妙な違和感を覚えるようになりました。それは、指示がないと仕事ができない人が多いということです。入社後間もなくて、仕事の流れがわからない時期はともかく、何カ月たっても指示を待っているのです。なぜだろう？

そんな世の中にジレンマを感じながら、人生最後の転職を決心した際に、それまで感じていた疑問や違和感を紐解きたくて、自分の子ども時代や、子育て時代を振り返りました。そして、そもそもの問題は、幼児教育の在り方にある、という答えに辿り着いたのです。

そこで「多様性が求められるこの時代に、どんな環境にいても、自分で考え、自分の力で生き抜ける子どもたちを育てたい！」と思い立ちました。

まずはその課題解決のために、小さな認可外保育園を立ち上げました。当時から、待機児童が社会問題となっていました。仕事をしたいのに子どもの預け先がなく、困っている保護者がたくさんいて、多くの方が当園を利用してくれました。

その保育園では、ママと同じ目線になり「困っていること」「子育ての悩み」「保育園にあれば助かる制度」など、たくさんお話ししてもらいました。そんな子育て世帯の皆さんの思いを受けて、以下の問題をクリアする必要があると考えました。

①インターナショナルスクールで、バイリンガル教育ができる園にすること
②保護者のさまざまな負担を軽減するために、助成金対象の保育園にすること

これらをクリアしている保育園は近隣にはなく、「こんな理想的な保育園は、これから必ず必要なはず。ないならつくろう！」と決心。まずは助成金対象の企業主導型保育園を申請するために、２０１７年夏に会社を設立しました。

ビジネスライクな考えでなく、ただ熱い思いだけでスタートした「理想の保育園」づくり。さまざまなところで嫌な目にもあいました。

そんな夢みたいなことはやめておけ」「ビジネスが何かわかってない」「事業計画書はつくれるの？」「社会や経済のこと、わかっている？」など、面と向かって言われなくても、馬鹿にされている感じは相手の雰囲気から伝わってきます。それでも「やってみないとわ

からない！」と、周囲の人たちに伝え続けていきました。

　すると、不思議なことに「面白そうだね。手伝うよ」と協力者が集まり始めたのです。資金調達から、事業計画書の作成、国が柔軟な保育サービスを提供する企業を支援する「企業主導型保育園」の助成金申請の手続きなど、たくさんの方々が手伝ってくれました。

　準備を整え、企業主導型保育園の申請をした際、担当者から何度も「なぜ、保育園でインターナショナルスクールをするのか?」と聞かれましたが、「それを保護者が求めているからです」と押し通しました。こうして、福岡市で初の「インターナショナル保育園」ができあがったのです。


　そこにたどり着くまで、法人化して1年5カ月が経っていました。

　それでも、その保育園に入園させたいと待ってくれていた保護者のお子さんたちが、第1期生となってくれました。

「ないならつくろう！」というシンプルな気持ちでも、強い思いで進んでいけば、実現できると実感した瞬間でした。

偶然と必然とイノベーション

こうして生まれたインターナショナル保育園。今、思い返しても、たくさんの方々の協力なしでは実現しなかったと思います。

インターナショナルスクールには英語の先生が欠かせません。そこで、英語教育に熱い思いがあり、自ら教材をつくって英会話教室を運営していた、オーストラリア出身のB先生に声をかけました。もともと、彼には最初に立ち上げた認可外保育園で週に1回の英語課内レッスンをお願いしていました。いつも楽しくレッスンをしてくれて、子どもたちだけでなく、保育士にも人気の先生です。

彼に「保育園をインターナショナルスクールにしたい」と打ち明けたときの表情は、今でも忘れられません。実は彼もインターナショナル保育園をつくりたいと考えていたそうで、それを聞いて今度は私が驚く番でした。

保育園立ち上げの知識はないが、英語教育のノウハウがあるB先生。

英語教育のノウハウはないが、保育園立ち上げの知識がある私。

二人が同じ時期に、同じことを考えていたことは奇跡だと思います。

園舎の建築設計、整備費の申請は建築士のNさんが手伝ってくれました。彼は、保育園や幼稚園の園舎の建築において、かなり有名なデザイナーです。これは後から聞いた話なのですが、オーダーしても、そのオーナーに強い思いを感じなければ、仕事を引き受けないそうです。今では「その知られざる審査に、いつの間にか合格してよかったです」と、笑い話になっています。

小さな土地に建ぺい率60％という過酷な条件にもかかわらず、機能的で木漏れ日のような陽が差し込む、おしゃれな園舎にしてくれました。内装も、インターナショナルスクールを意識して、壁の色が四方すべて異なる色だったり、手すりが波型であったりと、斬新なアイデアを取り入れて、住宅街ではひときわ目を引く園舎となりました。彼にとっても、初めて手がけるインターナショナルスクールかつ、一番狭い土地だったとのことで、やりがいがあったようです。この園舎は、彼が出版した写真集に掲載されています。

彼とは今でも交流があり、いろいろな情報交換を行っています。経営者仲間として、心から尊敬できる一人です。

B先生、Nさん以外にも、資金調達や事業計画書では、Yさんにお世話になりました。当時、彼は地元の信用金庫に勤務していましたが、その実力が認められ、現在では外資の保険会社にヘッドハンティングされたほどです。彼は、過去に私が某地銀でいじめられ、助けを求めて駆け込んだ際に、担当者になってくれた方です。親身になって相談に乗ってくださり、融資のための事業計画書を一緒に作成してくれました。また、資金調達にも尽力いただきました。右も左も分からない私にとって、救いの神のようでした。

当時は「こんな方々とタイミングよく出会えてよかった」なんて思っていました。しかし、最近では「もしかしたら、これらの出会いは必然だったのでは」と思うようになりました。自分が声に出して「やりたいこと」を伝え続けたからこそ、その声をキャッチしてくれる人たちと出会えた。その出会いがイノベーションを起こし、理想の保育園の形をつくり上げたのだと確信しています。

ここで感じたのは、どんなことも、「人との繋がり」があれば、うまく進んでいくということです。当たり前だけれど、人間一人では生きられない、一人で頑張っているつもりでも、周囲には必ずサポートしてくれている人がいるのです。私自身、シクジリやスムーズにいかないこともたくさんありました。支えがなかったら、とっくにあきらめていたかもしれません。そのため、支えてくれた彼らには、今も感謝しかありません。

彼らとの出会いは、偶然のようで、実は自分自身が引き寄せた必然の出会い。これらが重なって、予想もしなかったイノベーションが巻き起こり、これほどまでの進化を遂げてくれました。

「世界は思うまま」と伝えたい

当インターナショナル保育園では、STEAM教育（Science・Technology・Engineering・Art・Mathematics）を軸に、日本語と英語でのハイブリッド教育を行っています。0歳から「脳の体幹」を鍛えることを目標としています。

「脳の体幹」とは何なのか。幼児期の脳内を「木の根っこ」に例えて、考えてみましょう。まず、種から発芽した根っこは、四方八方に広がり、土の中にある養分を吸収しようとします。たくさん栄養を吸った根は、やがて地表に芽を出し、長い年月をかけて大きな幹となり、枝分かれしていきます。生い茂る枝葉を子どもの将来だとすると、スカスカよりもフサフサのほうがよいでしょう。木の種類によっては、花や実をつけるかもしれません。

豊かに育つ木になるためには、前述の根っこの部分がものすごく重要で、0歳からの幼児期がそれにあたります。「0歳だから、何もわからない」は大人の勝手な判断。赤ちゃんは日々、ものすごい勢いで生きるための学びを繰り返しています。耳から入ってきた音はすべて吸収してしまうので、実は、何カ国語でも覚えられると言われています。

つまり、この時期にどんな環境にいるかで、成長過程に影響が出てきます。言葉に特化して言うと、日々、聞こえてくる言語（日本語と英語両方）を、子どもたちは蓄積します。そして、発語をする時期になると、これまでためた言語を話すようになります。日本語と英語、情報量が多いほうを優先的に発語するので、英語の環境が多いのか、日本語の環境が多いのかで違いはありますが、基本的には両方とも発語するようになります。

しかも、この時期はこれらを「言語である」と意識していないため、頭の中には、大人にありがちな「翻訳機能」を持ち合わせていません。イメージとしては、英語の引き出しと日本語の引き出しが脳内にあって、聞こえてくる言葉に合わせて、引き出しを開けているような感じなのです。物の名前を英語で覚えていても、これを「日本語でなんて言うの？」とは聞いてきません。そんなことを意識する必要もないくらい、自然なのです。

これは知識においても同様です。たくさんの事柄に触れるほど、知識もどんどん吸収していきます。そのため、当園では、0歳児から5歳児まで同じテーマ・カリキュラムを使用し、いわゆる「○○歳児向け」という分け方はしていません。年齢による安全面や衛生面を十分配慮し、外国人講師とバイリンガル保育士が密な打ち合わせのもと、レッスン内容を決定します。その結果、クラスによっては、テーマは同じでも、まったく違ったレッスンとなるのです。これらの授業はすべて英語で行います。

入園希望の保護者、他園から見学に来られた先生、インターナショナル保育園に興味を持ち、視察に来られた企業の方など、この状況を目の当たりにした皆さんは、かなり驚かれます。子どもたちの好奇心で満ちたキラキラした瞳と、人見知りせずに声をかけてくる様子、大人でも知らないような内容を。自信満々に英語で話す姿は忘れられないそうです。

また、子どもたちのボキャブラリーの多さも特徴です。興味があることはどんなに難しい言葉でも吸収するので、一見難解な科学の世界の用語（ウォーターサイクル、表面張力、地球の4層、恐竜の生態、食物連鎖、細菌の繁殖実験などなど）も、そのまま教えていきます。もちろん、かみ砕いて理解できるように伝えるのは先生の手腕です。レベルとしては、小学校高学年から中学校くらいの内容です。それでも、遊びと同じ感覚で、興味を持って学ぶため、どんどん吸収していきます。

このような環境で0歳から5歳を過ごした子どもたちは、バイリンガルとして育つことはもちろんですが、それ以上に「脳の体幹」が鍛えられ、幼児期に大きく広がった根っこを持つことができます。勉強させられたのではなく、興味があることを自分から学んでいった経験は、やがて自分が必要だと思うことを選ぶ力や、それを学ぶ力となります。世界のどんな場所でも、自分で考え、自分の力で道を切り開ける人になるでしょう。

「世界は君たちの思うままである」

この言葉の意味を、これからを生きる子どもたちにずっと伝えていきたいと思います。

声に出して旗を振り続けよう！

スキルや学歴、お金など、それらは自分が何かを始めるにあたり、そんなに大きな弊害ではありません。自分の強い思いを声に出し、旗を振りながら伝えていけば、賛同してくれる人が必ず集まります。そうして、人との出会いが重なって、どんどん前へ進んでいきます。

例えば、私のビジネスの場合、学術的な面は興味を持ってくれた大学教授が進んで研究対象（これは教育ビジネスにおいて素晴らしいエビデンスとなり、信頼度がぐんとアップします）にしてくれていますし、お金は、私の思いに賛同してくれた法人の経営者さんが手伝ってくれています。その人たちが、揃って私の考えや思いを絶賛してくれて、甘やかしてくれるのです。

壁にぶち当たったときも、これまで出会った人たちや、さらに集まった人たちが知恵を出し合い、一緒に乗り越えてくれます。人との繋がりや支え合いがなければ、ビジネスは成功しないと思います。

しくじらない人生はありません。そのしくじりこそが学びであり、次のステップとなるのです。

そして、ビジネスを始めるときに一番大事なことは「やりたい」という強い思い。私はよく「思いが強すぎて計画性がない」と言われますが、気にしていません。「思い」を大切にする理由、それはその思いこそが、折れず、あきらめずに進むことができる根元だからです。

つらいことや思い通りにいかないことがあっても、「思い」が支えとなり、竹のようにしなやかに、折れずに柔軟に進んでいけるのです。

「ビジネスはお金儲け」という人もいますが、私は「お金は後からついてくる」と考えています。自分のやりたいことが世の中のためになり、仕事となる。そこに頑張った対価が生まれる。初めから対価ばかりを気にしていたら、ビジネスは成功しないと思うのです。

ビジョンやミッションすべてに自分の思いが詰め込まれているので、進化はしてもぶれることはありません。自分軸がぶれなければ、怖いものは何もないのです。

「やりたい」と思ったときがビジネスチャンス。特に、今までビジネスの世界にいなかった人の目線は、素晴らしい発想と可能性を秘めていると思います。

経営者交流会などの集まりで、素晴らしいスペックやスキルをお持ちの方々を前に、私は声高々にこう、自己紹介します。

「学歴も、職歴も、ビジネスの知識も、特別なものは何もありませんが、熱い思いは常に持っています。そして一般主婦としてのカスタマー目線で、今、何が必要とされているのかを見つけることが得意です」

ここで、毎回、拍手喝采。

そんな私の姿を見て、家族や友人は「変な奴」というけれど、だからこそ注目してもらえるのだから、ずっと変な奴でよいと思っています。物事は何でもシンプルが一番。「こんなことに困っているからこうしたい」「こんなふうに変えると使い勝手がよくなる」「今まで見たことないからやってみたい」などなど、誰でも一度は考えたことがあるはずです。

もし、目まぐるしく変化している世の中で、決められたことだけに従って生きていくことに違和感があるなら、間違いなくそれは、あなたに課された人生のミッションです。スタートの思いはシンプルでも、それが周りの人たちを巻き込んで、どんどん進化していくのです。

恥ずかしがらず、勇気を出して、自分のやりたいことを声に出して、旗を振り続けましょう。チャンスを掴む秘訣はただ、それだけです。

Message

あなたへのメッセージ

現代社会の生きづらさは、
私たち大人が疑問に感じたことから
目をそらし、
根本から改善することを怠った結果。
今、私たち一人ひとりが
できることから変えていこう。

政野美和さんへの
お問合わせはコチラ

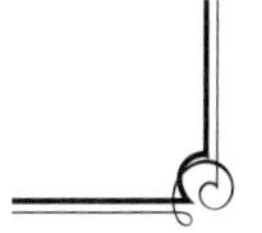

一般社団法人日本未病ケア予防医学協会 代表理事
セミナー／スクール／卸業

村川千亜紀

何度も、何度も
再スタートを
余儀なくされた
それでも変えなかった
美容業界
トップインストラクターの
信念とは

Profile

1970年大阪府生まれ。エステサロンの店長やエリアマネージャー、美容商材メーカーのトップインストラクター、マネージャー、代表取締役として美容業界の実務や経営に携わる。2019年に一般社団法人日本未病ケア予防医学協会を設立。未病ケア予防医学のノウハウを伝えるスクール、セミナーを全国で展開。のべ5000人以上のエステティシャンを養成している

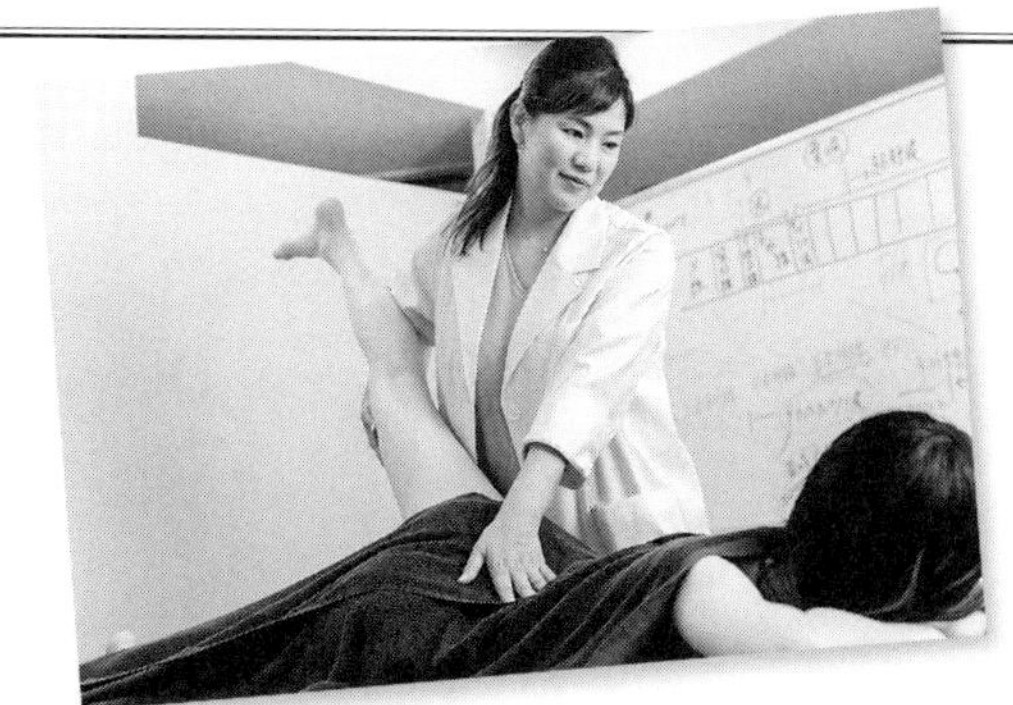

1日の
スケジュール

Morning

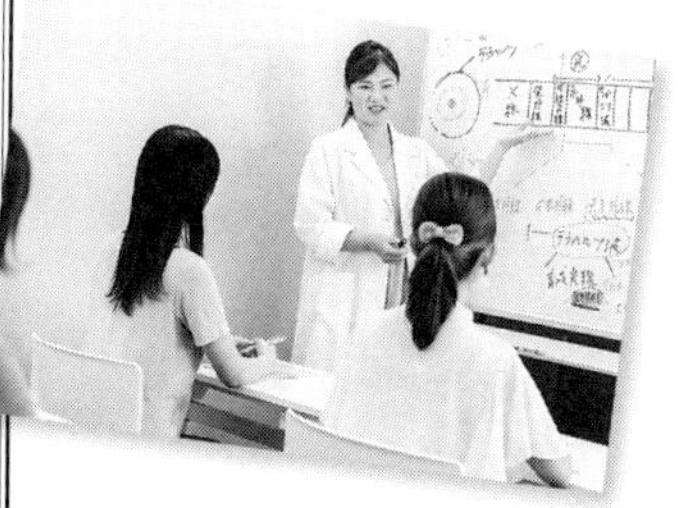

7:00 起床・朝食

8:00 家事・メールチェック

9:00 仕事の段取り・電話連絡など

11:00 セミナー・スクール・打ち合わせなど

17:30 メールチェック・事務作業

19:00 会食

22:00 帰宅・事務作業

23:30 お風呂・スキンケア

1:00 就寝

Afternoon

ひとりで3人の子育て。心身ともにボロボロの毎日

「未病ケア予防医学を広め、幸せに楽しく美しく健康寿命を延ばす」

この言葉を理念に掲げ、私は今、身体の外側だけでなく、内側からもケアできるエステティシャンの育成に力を入れています。外見の美しさは、そもそも健康であることがもっとも重要な条件です。心身ともに健康でいるため、必要な知識と方法を多くの人に伝えたいと思っています。そして、身体や心の不調から救われた結果、自分自身で「生き方」までを選択できることを知ってほしいのです。日々、この仕事に従事できる喜びと、関わる方々が成長していく姿に立ち会える感動を実感しながら、楽しい時間を過ごしています。

そんな私も、はじめからこのように考えていたわけではありません。

過去、私は家庭も仕事もうまくいかず、身も心もボロボロの毎日を送っていました。生活苦と人間関係のトラブルに悩んでいました。そんな私が、どのようにして、今のような人生を送れるようになったのかお伝えしていきます。

私は昔から、美しい人が好きでした。人が美しくあるためには、メイクや髪型だけでなく、基礎となるお肌が美しくないと成り立たないということを、エステという仕事を通じ

て実感していました。

そんなことを感じながら、23歳で結婚を機に、専業主婦となりました。子どもを授かり、幸せな毎日を送っていました。夫は真面目に働いてくれる優しい人でしたが、まだ年齢が若く、収入はいいとは言えませんでした。私もしばらくは、日々節約を楽しみ過ごしていました。

しかし、私が思い描いている生活とはほど遠く、収入を増やそうと、ファミリーレストランで深夜のアルバイトを始めました。夫が帰宅後、子どもを寝かしつけ、家事を終了させて働くことにしたのです。

そのとき、私は29歳。今思うと若いのですが、毎日、家事育児に追われ、出かけても、公園とスーパーの繰り返し。そんな日々を送る自分のことを「おばちゃん」と思い込んでいました。ところが、アルバイトを始めると、いろんな人たちとの関わりができ「このままおばちゃんで終わりたくない」と感じるようになり、もっと、社会と関わり、働きたいと強く思うようになりました。そうこうしている間に、3人目が生まれたのです。

その子が1歳に満たないときに、エステサロンの「オープンスタッフ募集」の求人広告を見つけました。家から通える距離、夕方までの勤務時間、子育てママにはうれしい条件でした。「エステに復帰するチャンスかもしれない」と即、応募を決意。幸運にも、採用されたのです。エステティシャン人生復帰の瞬間でした。そしてこのときから、超多忙な日々が始まったのです。

まずは、早朝4時、子どもたちが、起きる前の時間を使い、長く離れていたエステの知識の復習です。人一倍勉強し、人一倍努力しようと思いました。その後は2つの保育園に子どもをそれぞれ送った後、出勤。そして、お迎えの後は家事と育児……。保育園にお迎えに行き、いったん帰宅後、再びサロンに戻って仕事をすることもありました。

働く時間は他のスタッフより短かったものの、努力のかいもあり、お客様からの支持も増え、10カ月後には店長を任されることになりました。ですが、仕事を頑張れば頑張るほど、少しずつ開いていった溝がありました。家にいてほしいと思ってくれていた夫、外に出て活躍したかった私、二人の思いは嚙み合わず、最終的には離婚を選ぶことに。同時に、私は3人の子どもを一人で育てるという選択をしたのです。

今思えば、あのころは「一人で頑張らなければ、私が選んだ道だから」と肩ひじを張っていたような気がします。生計をたてるため、エステの仕事と並行し、週に2日ほどお客様が経営しているスナックで仕事をしていた時期もありました。酔っぱらったスナックのお客様に振り回され転んでしまい、頭にケガを負って病院に運ばれたり、過労で卵管が破裂、命を落としかけたこともあります。子どもたちだけでの留守番中「末っ子が腹痛で泣き叫んでいる」と長女から連絡があったときも、すぐに家に帰ってあげられず、救急車を呼んで子どもだけで病院に行かせたこともあります。そうまでして必死に働きましたが、お祭りのときに子どもたちに100円のお小遣いしか渡すことができないくらい貧しく、電気を止められたこともありました。仕事、家事、3人の子育てのすべてがぎりぎり、心身ともにくたくた。見かねた妹夫婦が、当時、神戸に住んでいた私に「大阪に戻っておいで」と声をかけてくれるまで、たった一人で踏ん張っていました。

本音では、子どもたちに寂しい思いをさせて申し訳ないという気持ちでいっぱいでした。誰かに弱音をはきたいとも思っていたし「こんなに頑張っているのになぜ楽にならないの？」と自分を責めることもありました。でも、そんな弱い自分を認めてしまうと、全部崩れてしまう……。だから、自分の弱さにも、正直な気持ちにも蓋をして、強いお母さんを演じるしかなかったのです。40歳を迎えようとしていたとき、私は大阪に戻りました。このままの生活を続けていたら、子どもたちまで不幸になってしまうと思ったからです。

引っ越しすることにより、子どものお迎えを妹にお願いでき、安定してエステティシャンの仕事ができるようになりました。その後、肉体的にも精神的にも随分楽になり、人に助けてもらうことの大切さとありがたさを知ったのです。今では、自分の弱さを認めることは「変化、成長」への大きな1歩とだと思っています。

エステ業界追放の危機。どん底で見えたもの

生活も徐々に安定し、エステティシャンの仕事に没頭していたころ「今のメニューだけでお客様の悩みを解消できるのか?」という疑問が大きくなってきました。エステティシャンという仕事は、お客様の「不調」と向き合います。不調とは「肩こり、冷え、頭痛」といった身体的なものから、精神的なものまで多岐に渡ります。表面的なケアだけでは、お客様の根本的な悩みは解消されません。私は身体の外側からのケアだけでなく、内側からのアプローチも必要だと感じ、さまざまな書籍や文献などを読み漁り、その知識を検証すべく、お客様に活用しました。この経験が、現在の仕事の考え方の基礎となったのです。

人生を大きく変えた、ある社長との出会いがあったのもこのころです。仕事も次のステップに進みたいと思っていた私に、社長は「全国でスクール展開をしていきたい。やってくれないか?」と語ってくれました。そんな社長の思いに賛同し、私はエステティシャンからインストラクターへと転身しました。「技術や商品を通じて、エステ業界をよくしていくきっかけになりたい」と思い、毎日スクールやセミナーに勤しんでいました。好きな仕事に就くことができ「お客様にわかりやすく伝えるにはどうすればいいのか?」と、

一層努力しました。国内だけでなく、海外でのスクールやセミナーも経験しました。たくさんの経験を積ませてもらったことで、実力もつき、周囲もトップインストラクターとして認めてくれるようになりました。お客様からも頼っていただき、ともに働くスタッフとの関係性も良好で、順風満帆に過ごしていました。

どこの会社でもあることですが、会社がさらなるステップアップをめざすとき、これまでの考え方は通用しなくなる時期があります。方針自体を変えないといけないタイミングがあります。その会社においても、このフェーズがやってきました。新しいスタッフもたくさん入社し、飛躍していかねばならないときでした。会社は、新しい企画を次々と始めていきました。どんどんスピーディーに成長していきたい会社と、成長するためには、組織の強化に力を入れ、足元を固めることが必要と感じた私との間に溝ができていきました。どちらが正しいということではなく、会社と私の考え方、方向性にズレが出てしまったのです。その溝は結局埋まらぬまま、私は退職せざるをえない状況になっていきました。

3人の子どもを抱えているため、生活のためにも退職は考えていませんでしたが、何よりも優先したかったのは、私自身大切にしている生き方の部分でした。会社から「今後、継続して勤めるなら」と求められた条件がありましたが、それをどうしても、のむことができなかったのです。

一方で、今後の生活はどうすればいいのだろうと思い悩みました。「私はこの業界しか働く場所がないのに、こんな形で退職になり、もう働けるところがないかもしれない……」見えない圧力に勝手に怯え、初めて体験する不安と恐怖に押しつぶされそうになりました。ストレスから、体調もおかしくなり、ベッドで横になっている時間も多く、気分もふさぎ込み、まさしく暗闇の中にいました。そんな不安や見えない恐怖を抱えてはいても、生活のためには、動きださなくてはなりません。

ところが、退職の話を聞いた業界の方から「子会社をつくるからそこで働かないか？」「うちの会社が、すべてのことの盾になるので、好きに仕事をしたらいいよ」と、たくさんのお声がけをいただきました。とてもありがたく感じたのを覚えています。退職が決まったのにも関わらず、全国から応援のメッセージをいただいたのも、私のエネルギーの源になりました。私は、新たな活躍の場を求めて、知り合いのオーナーのもとで新会社を設立。すべて一から再出発すると決めたのです。

それからすぐに、私のストレスになる源が消えたわけではありません。新しく事業を始めてからも、驚くようなことが次々と起きました。詳細は伏せますが、さまざまな嫌がらせともとれる出来事がふりかかってきたのです。その度にストレスから高熱が出たり、まぶたが急に腫れて目が開かなくなったり、朝起きると首に激痛が走り、体が動かなかったり、今思うと、笑い話になるくらいいろんな現象が体に起きていました。

　そんなふうに見えない圧力と戦っていたわけですが、いつまでこんなことが続くのだろう、いつになったらこの圧力はなくなるのだろうと考えていたときに、気づいたことがありました。

「予想をはるかに超える出来事が起きている。そして、今後も起きるだろう。誰かが私を傷つけようと、いろんなことを仕掛けてくるかもしれない。でも、その度に、勝手に不安になり、怯えているのは私ではないのか？」「困らせようとする人がいて、私が向こうの期待通りに困って、不安になって、傷ついて、何になる？」「無視すればいいのに、『傷つく』という選択をしているのは、誰でもない私ではないのか？」「勝手に傷ついているのは私自身ではないのか？」

　そんな考え方に行き着いたとき、私は「『傷つくのか、傷つかないのか』を、今後は自分で決める」と、心に誓いました。そして、この先は何があっても、「傷つく」という選択肢は選ばないと決心したのです。

　勝手にどん底だと思っていた私が、こんなふうに考えられるようになり、この考え方は、人生において宝物になったと思っています。そしてこの宝物を得たのは、いいことも、悪いこともたくさん経験させてもらえたおかげです。今となっては、感謝しかありません。

自分が見えている世界はたったの1割

新たな会社では、スクール業を一からスタートさせ、業績も認知度もどんどん上昇していきました。すべてを真っ白な状態から立ち上げるのは、初めての経験です。私は代表取締役という立場で雇用され、何もない事務所から、机、棚、パソコンを準備しました。

準備をしながら、並行して売り上げも確保せねばなりません。営業活動をするため全国を走りまわりました。不安はありましたが、自分の持っている技術や知識が必ず役立つと信じていたので、形にすべく、寝る間も惜しんでがむしゃらに働いたのを思い出します。

新たな会社で走り続けて、1年が経とうとするころ、売り上げは上がっているのに、利益が一定以上出ないことに疑問を抱えていました。原因は、オーナーとの契約にありました。どれだけ働いても、会社にキャッシュが残りにくいフローになっていたのです。

この契約に関しても、無知な私が自分の責任のもと、結んだのですから、どうしようもありません。何度か交渉を試みましたが、納得してもらうことができず、経営という新たな悩みが私にふりかかってきたのです。

一方、気が付いたときには全国にお客様も増え、喜んでいただいていたので、引き返せないところに私は立っていました。すぐにはどうすることもできず、日々の仕事をこなす毎日でした。このまま成り行きにまかせてしまおうか？　経営に関して、代表取締役という肩書がありながら、見てみぬふり、感じて感じないふりをするべきか。1年以上答えが出せずにいました。

そこからさらに、経営に関して納得のいかない提案がありました。会社の提案を受け入れるのか、受け入れないかで、私の今後の仕事が変わってくる、私の生き方が変わってくる大切なことだと思いました。すごく考えた末に、提案のお断りと、経営に関することの話を再度、私の仕事の在り方の責任として、しなくてはならないと考えました。

しかし、結果は、

「そうやって意見するから、以前の会社のようなことになるのですよ」

「また同じようになりたいのですか？」

物静かな言い方ではあったものの「意見を言うな」と釘をさされたように感じました。迷いに迷いました。考えに、考えました。どうしていいかわからずにいました。正しいことと、そうでないこと、自分のことと、スタッフやお客様のこと……。一からつくりあげてきた技術や、商品を手放さなくてはならないかもしれないことに不安が襲ってきました。答えが見つけられずにいたとき、お付き合いのある会社の、尊敬する社長に言われた言葉が、私の考え方を一気に変えたのです。

「ＣＨＩＡＫＩ先生は、何をそんなに悩んでいるのですか？　あなたは業界にとって、必要な存在です。今、不安に思っていることは、あなたが見ている狭い、狭い世界のことに過ぎないのですよ。例えば、現在関わっているすべての人があなたを批判したとしても、それ以外の人のほうが多いこと、それ以上に、あなたを必要としている人がいるということがわかっていますか？　グレーな考え方に染まってはいけません。あなたを必要としている人に失礼にあたります。つくりあげてきたものの形は変わるかもしれませんが、ＣＨＩＡＫＩ先生さえ変わらなければ、何度だってやり直すことができるのです。もっと大きな世界を見なさい。それが、できる人です。自分のフィールドを、今度は自分自身で築きあげなさい」

大きく優しく、導くように伝えてくれました。この言葉によって、私は自分を見失わずに、真っすぐな生き方を貫くことができたのです。そして、考えを強く持ち、自分の意見をしっかり会社に伝えることにしました。

けれども、やはり納得をしてもらうことは叶わず、その場で退任届を書くことになったのです。

幸せになる知識と方法を伝えたい

そこからの私の動きは、躊躇もなく、とてもスピーディーでした。「あなたのつくった商品なんて誰も買わない」「自分勝手なことばかり考えている」といった、批判の声は私の耳にも届きました。しかし、批判の声に耳を傾ける時間も惜しいくらいに、私は私のやるべきこと、めざすものに向かって真剣に、一点の曇りもなく進んでいきました。

退任届にサインしてからの約4カ月間は、すでに予約をいただいていたスクールやセミナーを無給でこなしました。それと並行して、新商品の企画、作成など、次の準備にもとりかかりました。そして、身体の内側のケアを考えた、栄養学を発信することにも力を入れようと、予防医学栄養セラピスト®養成講座を構築しました。かつて出会った、健康に悩むお客様のために、外側と内側両方のケアに目を向ける、未病ケアや予防医学を伝えるエステティシャンの養成を使命だと感じていたのです。そんな思いを世の中に広めるため、日本未病ケア予防医学協会を設立しました。

人の心と身体と栄養は、密接な関わりを持っています。以前、末っ子が記憶障害のような症状に陥りました。忘れ物ばかりし、自分が言ったことも覚えていられない。朝起きることができず、そんな娘を見て私は「夜遅くまでスマホを触っているからや！」と叱っていました。ところが、娘の1日の食事内容を確認し、愕然としたのです。朝はパン、学校の給食は好きなものしか食べず、塾ではコンビニ食……。これを知ったとき「子どもに大変なことをしてしまった」と大反省しました。忙しいというのを理由に、大切なことを後回しにしていたのです。私はすぐに娘の食事の栄養バランスを整えました。すると、たった2週間で人が違うかのような改善を見せてくれたのです。娘は後日、「あのころはしんどかった。何をしてもうまくいかず、理由がわからず、自分で自分をコントロールできなかった」と教えてくれました。

日本人の5人に1人は、うつ状態を経験したことがあるというデータがあります。病院に行っても原因がわからない不調を抱えている人も、たくさんいます。そんな方々に、健康になる方法をお伝えしたい。そして、それを多くの人に伝えられる予防医学栄養セラピスト®を輩出し、幸せに楽しく美しく、健康寿命を延ばせる世の中をつくりたいのです。

人は自分の人生を自分で選ぶことができます。過去に私が「傷つかない人生」を選んだように、今、どんな状態であったとしても、私たちは自分でどう生きるかを選択することができます。私とご縁をもってくださった方々が、なりたい自分に近づくことができれば、これほどうれしいことはありません。

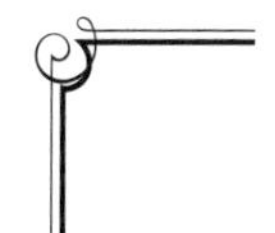

Message

あなたへのメッセージ

物語の主人公は自分
どんなことがあっても、
自分の人生は
自分で選ぶことができる。
他人に振り回されるのではなく、
自分の人生を歩もう。

村川千亜紀さんへの
お問合わせはコチラ

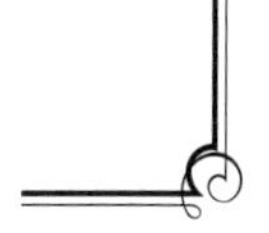

ダンススクエアMARTH 主宰
ダンススクール／振付家／ダンサー

本吉真寿美

ミュージカルに TVCM振付……華やかな道を歩むトップダンサーの壮絶な努力の足跡

Profile

1975年、愛知県出身。ミュージカルに憧れ、高校1年生の終りごろからダンスを学ぶ。19歳で某ダンスカンパニーオーディションに合格。カンパニー在団中の経験を礎に、32歳で独立し、2009年5月「ダンススクエア MARTH」を創立。ダンス指導を中心に、舞台作品創作やミュージカル振付、TVCM 振付なども手掛ける傍ら、ダンサーとしてもさまざまな公演作品に出演。2019年4月より名古屋短期大学の非常勤講師に就任。

1日の
スケジュール

Morning

6:45 起床

7:30 子どもの見送り

10:00 打合せ・レッスン・振付創作

15:00 子どものお迎え

15:30 宿題チェック・ダンス練習(息子)

16:30 レッスン準備

22:00 レッスン終了・〆作業

22:30 事務作業・振付創作

24:00 帰宅・夕食

25:00 一人時間・お風呂

26:00 就寝

Afternoon

ダンスとの出合い

小学生のころ、年に一度観る演劇鑑賞会のお芝居が大好きでした。子ども心に「ああいう人になりたい」と、漠然と思っていました。中学生になると、ミュージカルに憧れを抱くようになりました。ミュージカルに必要な「演技」「ダンス」「歌」を勉強したい、と思っていましたが、当時はどうすればいいのかわかりませんでした。やがて高校生になり演劇部に入部、学校に内緒でアルバイトし、親の承諾も得ず勝手にダンススクールの門を叩きました。

しかし、やりたくて始めたはずのダンスでしたが、日常生活の中に「習慣」として取り入れることはなかなか難しく、元々の運動嫌いも手伝ってレッスンを休むこともしばしば。やりたい気持ちとは裏腹に、熱中できずにいました。

そんなあるとき、発表会への出演が決まり、初心者の私がなんと7曲もキャスティングされたのです。これをきっかけに放課後はレッスンと自主練に明け暮れる日々へと変化しました。このころからようやく「ダンスって楽しい」と感じるようになり、踊ることが生活の一部になりました。「もっと上手くなりたい」と、ライバルの多い環境に挑戦すべく地元のスタジオを辞め、名古屋で一番有名なスタジオへ移籍しました。ココで生涯の師匠に出会ったのです。師匠は素晴らしい才能に溢れた方で、田舎者の私は一瞬でその魅力に引き込まれました。高校卒業後は、師匠のダンスレッスンと別のミュージカル劇団養成コースを両立、朝から晩までひたすら修行の毎日。「休日なんて要らない」と思うほど熱中しました。劇団養成コースは一年で卒業。すぐに師匠のダンスカンパニーオーディションに合格、と順調に進んでいきました。

「もっとダンスを極めたい」と思い始めたころ、師匠からダンスが仕事になる夢のようなお話がありました。すぐに「やりたいです」と答えました。そのときいただいたお仕事はエアロビクスのインストラクター。……ん？　ダンスではない？　でも自分にいただいたチャンスを絶対モノにしたい、と研修も一発合格し、晴れてインストラクターとしてデビューしました。師匠のお考えは、エアロビクス指導を行うことで、テンポよくレッスンを進めていく力や咄嗟の対応力、持久力や先導するリーダーシップなど、さまざまな力を養うことができる、というものでした。そのため、先に声を掛けられていた同期が引き受けなかったこのお仕事も、私は積極的に取り組みました。が、未熟がゆえにあらゆる大失敗をしでかし、その都度厳しくご指導をいただきました。「ダンサーとしての商品価値が無い」ときつめの叱咤もいただきました。そんな私に、当時の生徒さんたちはとても温かく接してくださり救われました。

それから約3年、師匠の下で鍛錬の毎日を過ごす最中に結婚。結婚を理由にダンスがおろそかになったと思われたくない一心で、よりレッスンに励みました。毎日たくさんダメ出しされ、泣きながら帰宅することもあり、その姿を見ていた母は「雑草」、姉からは「宗教」と言われました。けれども、私は一度も辞めたいと思ったことがなく「ある意味自分は変態」と自覚していました。以降は少しずつ頑張りを認めていただき、信頼も得ることができました。このころから私は仲間との温度差を感じ始めていました。皆は休日のない生活に不満を漏らしており、生活のすべてをダンスに注ぐことを好まなかったのです。

それから数年、いつしかカンパニーメンバーを束ねる立場になり、インストラクターとしても多くのクラスを担当していました。私は緊張に弱く、委縮してしまうと実力を発揮できない性質のため、生徒さんには楽しくリラックスしてレッスンしてほしいと「一レッスン、一笑い」を自分の中のノルマにしていました。次第にレッスンは満員御礼となりました。もともと人と接することが好きで、生徒さんから身の上相談をされたりもしました。ところが、私は師匠からお叱りを受けたのです。「生徒と親密になるな」「一線（存在価値を保つ距離）を置きなさい。あなたのやり方は自分のスタジオを開いてやりなさい」と。この出来事で決断しました。自分のスタジオを持ちたい！　自分についてきてくれる生徒を持ちたい！　自分の力を試したい！　「独立」という二文字が明確になっていきました。

独立への道のり

私は独立に向けて動き出す決意をしました。そこで絶対に必要なのはお金です。でも、お金がない……。私は弟子入りしていましたので、多忙で過酷な生活のわりには、お給料は僅かでした。預金はほぼゼロ。日々の生活は自転車操業。田舎者の私は交通費もきつかった。毎晩終電ギリギリまでスタジオにいて、地下鉄に乗れず、慌ててタクシーに乗ってJRに滑り込みセーフ、終電を逃して始発まで漫画喫茶なんてことも日常茶飯事でした。舞台に出演すればシューズやタイツ、アクセサリー、メイク用品や下着などを揃えなければならないし、本番間近に美容院へ行けばカットにブリーチ、カラーにパーマで2万円越えは必須。税金関係は容赦なし。アルバイトをかけ持つには時間も体力も残っていません。

唯一節約できるのは食費です。朝は苦手というのもあり、ギリギリまで寝ていたいので、朝食は抜き、昼はレッスンが終わった後、ダイエーでおにぎりとコロッケを一個ずつ、大好物のプリンも買って３００円弱で、あさ・ひる兼用の「あひる」ごはん。そして、夕飯と言う名の夜食は、帰宅後に超時短料理を自炊。幸い、私はバカ舌で、食に拘りがなく「お腹が満たされればそれでよし」。特に不満は感じていませんでした。

独立に向け、お金の他に必要なのはダンスのスキルと経営ノウハウ、指導力と人望、トラブルに打ち勝つハートの強さと誰にも負けない根性、ダンスに対する熱意など、たくさんあります。何より一番大切なこと、それは師匠からのお墨付きをいただくことです。誰もがうなずくほどのダンスの実力と、仕事における絶対的な信頼を得なくてはなりません。これが一番の難関です。ここからはさらに、ダンスに対する取り組み方が変わりました。

独立にあたって、まずはその意志を師匠に伝える必要があります。超多忙な師匠の隙間時間かつ、なるべく穏やかなタイミングを狙ってアポイントを取らなくてはいけません。「何て言えば、すんなり聞いていただけるのだろうか……」まず、様子を伺うのに約1年を要しました。次々とステージの予定が詰まり、隙間という時間的余裕はまったくないのです。ようやくアポ取りが完了したものの、「独立したい」と伝えると、師匠は一言「何でよ」と。そして面談は強制終了。私、撃沈。また待つこと約1年……。二度目のアポを取りました。ココまでの期間は約2年、まともにお話を聞いていただけたのはこの日からでした。私が独立をめざした経緯や仲間に対する想い、師匠への恩、いろんなお話しをゆっくりとお伝えしました。

そしてついに、師匠から最高のお墨付きである「あなたならきっとできるわよ」というお言葉をいただくことができました。私はその瞬間、解放されたような清々しい気持ちでした。私の存在を認めていただけた喜びとともに、私にとっての「師匠の存在の大きさ」を改めて感じる機会となりました。

この日から独立までの間、私は猛烈に頑張りました。これまで私を育ててくださった師匠への恩返しと、仲間や後輩や生徒さんへ、私が学んだ大切なものを残したい一心でした。頑張った甲斐もあり、14年間お世話になった師匠の元を無事円満に卒業することができました。先輩方からは「よく許してもらえたね」と称えられました。

師匠のダンスカンパニーを卒業後、いよいよ本格的に独立準備を開始しました。やっとの思いで貯めた独立資金は目標額にはわずかに届かず。恥ずかしながら30代で「親ローン」を借りてしまいました。こうして独立に必要なものをすべて整え、ダンススタジオをオープンすることができたのです。生徒は０人スタート、資金が少なく、手作りのチラシを引っ提げて自分でポスティングしたり、営業回りをしたりしました。ホームページの立ち上げやサイトへの投稿など、すべて一人でこなして毎日クタクタでしたが、とても充実した日々でした。

待ちに待ったプレオープンの日、体験レッスンの予約は一人か二人。日によってゼロの日もありました。記念すべき生徒第一号は私と同い年の女性でした。その後次々とたくさんの方がスタジオに仲間入りしてくれて、気が付くと約１００人の生徒さんが集まってくれました。当時はリーマンショック直後でしたが、その煽りなんて感じませんでした。

大切な生徒さんに囲まれて幸せな日々を過ごしていた半面、私生活では夫とすれ違い、10年の結婚生活にピリオドを打ちました。かたやスタジオのほうは順調に成長していき、無事「親ローン」の返済も済み、売り上げも右肩上がり。そしてオープンから4年目にスタジオを新築することができました。

このころ、私にも弟子と呼べる生徒が数名いました。弟子には私の右腕左腕右足としていろいろな下積みをさせていました。そして現在の夫と再婚し、その翌年に妊娠出産、女性としての幸せも経験。当時は発表会を目前に控えていましたので、出産3日前までリハーサルやレッスンをこなし、産後3週間で仕事復帰しました。

が、私が休んでいる3週間の間にスタジオでは大事件が発生。あることをきっかけに、弟子と生徒の保護者が口論になってしまったのです。このころから右腕だった弟子の言動がおかしいと感じることが多くなってきました。その処理に追われる日々、保護者の方から産後間もない私の身体を心配してくださる声もありましたが、発表会前で仕事は山積みです。連日のリハーサルと、事務仕事を深夜までこなし、加えて2時間おきの授乳、心も身体もズタボロでした。この出来事から約2年、育児と弟子の尻拭いに頭を抱えていました。そして創立10周年を迎えたとき「大革命」が勃発したのです。

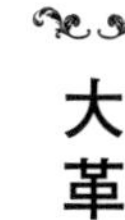

大革命勃発

発表会準備期間は、本番日から逆算して約1年間です。通常の発表会ですら大変なのですが、創立10周年記念発表会はいつもの準備とは異なる作業もたくさんありました。振付創作、講師の先生への振付オーダー。音源や衣装製作、既製品衣装の発注、大小道具製作、舞台スタッフとの打合せ。そして掲示物や印刷物の制作、諸々の事務作業をごく少人数の弟子と事務員で手分けしてこなす日々。毎晩午前様は当たり前でした。帰宅後は魔の2歳児の子育て。寝不足と連日の長時間リハーサルの疲れも合わさって、疲労困憊。

こんな最中、大革命の火種が点いたのです。私にとって右腕左腕右足のような存在だった弟子が、次々と「次の記念公演が終わったら辞めたい」と申し出てきたのです。まずは右腕の弟子。そして数日経って左腕の弟子。また数日後に今度は右足の弟子も……。皆それぞれ理由は違えど、本人が言う辞めたいタイミングは三人とも同じでした。

右腕だった弟子は「先生（私）みたいになりたいから、スタジオをきちんと卒業してから独立したい。先生ほど大々的にやりたいわけではないから、地元で細々と始めようと思う」と。そして左腕の弟子は「ピラティスを勉強したい。（彼女は本職が看護師）看護師のケアを目的にしたレッスンができるようになりたい」。右足だった弟子は「三人目の妊活をしたい。これ以上先延ばしにすることを家族は望んでいない」と。

一度に弟子全員が辞めてしまうと、生徒たちの間にはきっと悪い噂が立つでしょう。裏で話し合って、三人が一気に抜けることで、私に対して何か反逆したかった、としか思えないほど三人の意思は固く、1ミリも譲歩する余地はありませんでした。表向きには正当な理由のように思われたこのとき、大革命の予兆がすでに水面下で広がっているのを、私だけが知らなかったのです。

それから約半年後。とあるSNS投稿を目にして、私は裏切られたことにようやく気づきました。妊活をしているはずの右足の元弟子が、独立した右腕の元弟子のスタジオでインストラクターをしていたのです。しかも、ウチの元生徒が一緒に踊っている写真も掲載されていました。

そのアカウントは以前私がフォロー申請をしたことがあるのですが、承認されずにいました。後から事務員に聞いたところ、ウチを辞める前に私の生徒ほぼ全員と相互フォローを交わしていたとか。彼女が辞める際に、独立に関する注意と、引き抜きをしないなどの約束をしっかり交わしたはずなのに、すべてを無視したような投稿ばかり。生徒だけでなく、インストラクターまでも引き抜かれており、挙句の果てに、ウチへ依頼が来ていたお仕事をちゃっかり個人でやり取りして横取りしていたり、それはもう酷いものでした。

私はあまりの怒りに、スマホを握る手が震えたのをはっきりと覚えています。その怒りを堪えられず、彼女に抗議のメールをしました。その後、彼女からの返信を見て愕然としました。「引き抜いていない」「勝手についてきた」「遊びに来て、と言っただけ」「先生との約束は破っていない」と自分を正当化するような許し難い文面でした。「必要なら改めてお話しに行きます」私は目を疑いました。必要なら……？　まさか右腕だった元弟子からこんなに失礼な文言が送られてくるなんて思ってもいませんでした。もう一人の元弟子と共謀し、辞める前から計画的にこの話を進めていたのでしょう。

しかも、知らなかったのは私だけ。ウチの生徒たちはほぼ全員が知っていました。スタジオオープンから10年間、必死で頑張って築いてきた私の大切な宝物を一気にぶち壊された瞬間でした。

私は気が変になるくらい落ち込み、やりどころのない怒りと悲しみを消化できず、人を信じることが怖くなってしまいました。眠れないこともしばしば、突然涙が出て止まらなくなることもあり、家族にまで当たり散らしたりしていました。体にもさまざまな異変が表れ、円形脱毛にもなりました。自分の感情をコントロールすることが大変でした。心の中は常に荒んでボロボロ。でも、レッスンでは明るく振る舞わなくてはならない。このギャップが何より一番キツかった。

この出来事を、師匠をはじめ、スタジオを主宰している他の先生方にも話しました。すると、誰もが大なり小なり同じような経験をされていることがわかりました。共感してくださるのと同時に「誠実にやっていれば間違いない」「見る人が見れば違いがわかる」「あなたなら大丈夫」と、口を揃えたかのように同じ助言をくださるのです。おかげで「こんなことで負けてたまるか！」と気持ちを切り替えられるくらいまで、心が修復されていきました。

「引き抜きしなけりゃ自力で人を集められない人間」になぜ翻弄される必要があるのか。そんな非常識な奴のことで悩むより、私を信じてついて来てくれる生徒を大切にしていきたい。いつも温かい言葉を掛けてくれる保護者の方や応援してくれる方々に恩返しするまでは、しっかりと引っ張っていかなくては。ゆっくりでもいいから確実に前を向いて歩いていこう！　……そんな矢先の新型コロナウイルス大流行。初めての緊急事態宣言で全国一斉休校。レッスンができず、途方に暮れていましたが、配信レッスンなど新しいことにチャレンジする機会となりました。いろいろな部分を見直すきっかけとしてプラスに捉えるようにしました。おかげさまで現在もたくさんの可愛い生徒たちに囲まれて、幸せな毎日を過ごせています。「あの大革命を乗り越えられたからこそ、人に恵まれた現在がある。」

努力できるのも一つの才能

私自身、根性だけは誰にも負けないと自負しています。決して才能豊かではないけれど、「コツコツ継続できるところ」と「努力できるところ」はある意味才能と言っても過言ではないと思っています。

人は何かを極めるために、何かを犠牲にする必要があるのかもしれません。例えば、「睡眠時間」「勉強時間」「友達と遊ぶ時間」「家族との団らん」「恋人と過ごす時間」など……。

私は子どもたちに指導する機会が多いので、時々、将来の夢を聞いてみることがあるのです。すると「ダンサー」「サッカー選手」「歌手」「芸能人」いろんな夢を語ってくれるのですが、ダンサーになりたかったはずの子が、なぜか塾優先になってレッスンに来なくなることがしばしばあります。

昨今、我が子に挫折を味わわせたくない親が多いのでしょうか。小学校時代にはたくさん習い事を経験させるのに、中学入学と同時にすべてを辞めさせて塾に入れる。コレ、私が一番理解できないところです。

広く浅く学ばせて、ようやく当人が一つのことにのめり込もうとするところで、全部辞めさせてしまう。結果、何者にもならない。あの習い事は一体何のためにやっていたのか……。完全に親のエゴだと思っています。

もちろん、塾に通うことだって選択肢の一つです。けれども、本当に「なりたい自分になる」には努力あるのみ。全力で何度も何度も壁にぶつかって、喜びの涙も悔し涙もたくさん流して、それでもダメなら別の道を進めばいい。それがカッコイイ生き方。子どもたちには、挫折を恐れずに夢を持って突き進んでほしいと願っています。

私は今まで自分のやり方をブレずに続けてきました。時々迷ってしまうこともありますが、自分を信じて突き進むようにしています。

時代の流れや風潮にある程度歩調を合わせることも大切ですが、根本の信念は絶対に曲げない！　現代の若者たちに「努力できるのも一つの才能」であるということを伝えていきたいと切に思っています。

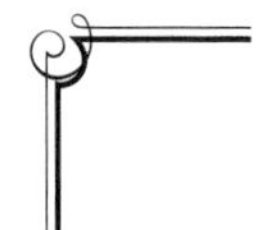

Message

あなたへのメッセージ

みんなが努力しないからこそ、
頑張るだけで頭一つ、
抜けられる。
最後まで、
自分の信念を貫いて。

本吉真寿美さんへの
お問合わせはコチラ

本を閉じた瞬間、新しい人生が待っている　―おわりに―

本書を最後まで読んでくださり、ありがとうございました。

18人の物語はいかがでしたでしょうか？

彼女たちもあなたと同じようにもがき苦しんでいた時期があり、それを乗り越えて「今」があるということをわかっていただけたかと思います。

ただ、一つだけ言えることは、彼女たちだからできたわけではありません。覚悟を決めて一歩さえ踏み出せば、必ずあなたにもできるのです。

「一歩踏み出す」と聞くと、少し不安に感じるかもしれませんが、どんなことでも大丈夫です。ポイントはどんなに些細なことでもいいので、今まで自分がしてこなかった決断・行動をすることです。

例えば、本書に登場した18人の女性起業家の中で気になった方に感想をメッセージしてみることも大きな一歩です。

新しい行動の積み重ねがあなたの人生を変えていき、理想の人生に近づきます。

本書を閉じた瞬間から、あなたの新しい人生が始まります。

私たちは理想の人生を歩んでいるあなたと再会できることを楽しみにお待ちしております。

あなたなら必ずできます！

最後に、この本に登場してくださった18人の女性へ感謝を綴ります。

過去の苦労や体験を凝縮して執筆することは、大変な勇気と努力を要したことと存じます。

その想いや覚悟、経験から学び得たことが多くの方に届きますように。

貴重なご縁をいただきまして、本当にありがとうございます。

Rashisa（ラシサ）出版　編集部

自分らしく生きる覚悟を決めた女性たち
18人の女性起業家から学ぶ後悔しない人生の歩み方

2023年10月20日　初版第1刷発行

著者：Rashisa出版（編）
AshuPine（アシュパイン）／井上めぐみ／大杉千里／木村あかね／木村麻美／
クアク美智子／楠麻衣香／楠本朋／黒田有美／鈴木美香／髙橋美喜／長谷川久代
フォスター美樹／福本真衣／藤原麻世／政野美和／村川千亜紀／本吉真寿美

発行者　Greenman
編集・ライター　土橋水菜子
ブックデザイン　二ノ宮匡

発行所：Rashisa出版（Team Power Creators株式会社内）
〒558-0013 大阪府大阪市住吉区我孫子東2-10-9-4F
TEL：03-5464-3516

発　売：株式会社メディアパル（共同出版者・流通責任者）
〒162-8710 東京都新宿区東五軒町6-24
TEL：03-5261-1171

印刷・製本所：株式会社堀内印刷所

ISBNコード：978-4-8021-3427-9
Cコード:C0034